ⓠ 왜 공부력을 키워야 할까요?

쓰기력

정확한 의사소통의 기본기이며 논리의 바탕

연필을 잡고 종이에 쓰는 것을 괴로워한다!
맞춤법을 몰라 정확한 쓰기를 못한다!
말은 잘하지만 조리 있게 쓰는 것이 어렵다!
그래서 글쓰기의 기본 규칙을 정확히 알고
써야 공부 능력이 향상됩니다.

어휘력

교과 내용 이해와 독해력의 기본 바탕

어휘를 몰라서 수학 문제를 못 푼다!
어휘를 몰라서 사회, 과학 내용 이해가 안 된다!
어휘를 몰라서 수업 내용을 따라가기 어렵다!
그래서 교과 내용 이해의 기본 바탕을
다지기 위해 어휘 학습을 해야 합니다.

독해력

모든 교과 실력 향상의 기본 바탕

글을 읽었지만 무슨 내용인지 모른다!
글을 읽고 이해하는 데 시간이 오래 걸린다!
읽어서 이해하는 공부 방식을 거부하려고 한다!
그래서 통합적 사고력의 바탕인 독해 공부로
교과 실력 향상의 기본기를 닦아야 합니다.

계산력

초등 수학의 핵심이자 기본 바탕

계산 과정의 실수가 잦다!
계산을 하긴 하는데 시간이 오래 걸린다!
계산은 하는데 계산 개념을 정확히 모른다!
그래서 계산 개념을 익히고 속도와 정확성을
높이기 위한 훈련을 통해 계산력을 키워야 합니다.

세상이 변해도
배움의 즐거움은
변함없도록

시대는 빠르게 변해도
배움의 즐거움은
변함없어야 하기에

어제의 비상은
남다른 교재부터
결이 다른 콘텐츠
전에 없던 교육 플랫폼까지

변함없는 혁신으로
교육 문화 환경의 새로운 전형을
실현해왔습니다.

비상은 오늘, 다시 한번
새로운 교육 문화 환경을 실현하기 위한
또 하나의 혁신을 시작합니다.

오늘의 내가 어제의 나를 초월하고
오늘의 교육이 어제의 교육을 초월하여
배움의 즐거움을 지속하는 혁신,

바로, 메타인지학습을.

상상을 실현하는 교육 문화 기업 비상

메타인지학습
초월을 뜻하는 meta와 생각을 뜻하는 인지가 결합된 메타인지는
자신이 알고 모르는 것을 스스로 구분하고 학습계획을 세우도록 하는
궁극의 학습 능력입니다. 비상의 메타인지학습은 메타인지를 키워주어
공부를 100% 내 것으로 만들도록 합니다.

완자

공부력

초등 국어
맞춤법 바로 쓰기 2B

초등 국어 맞춤법 바로 쓰기

단계별 구성

📖 **1A와 1B에서는 소리와 글자가 다른 낱말을 익혀요!**

1A	1B
1. 받침이 뒤로 넘어가서 소리 나는 말 ㄱ~ㅆ 받침이 있는 낱말	**1. 닮은 소리가 나는 말** [ㄴ], [ㄹ], [ㅁ], [ㅇ]으로 소리 나는 낱말
2. 받침이 한 소리로 나는 말 [ㄱ], [ㄷ], [ㅂ]으로 소리 나는 받침이 있는 낱말	**2. 글자와 다르게 소리 나는 말** 거센소리가 나는 낱말, 뒷말이 [ㅈ], [ㅊ]으로 소리 나는 낱말, [ㄴ]이나 [ㄹ] 소리가 덧나는 낱말, 사이시옷이 있는 낱말
3. 된소리가 나는 말 된소리 [ㄲ], [ㄸ], [ㅃ], [ㅆ], [ㅉ]으로 소리 나는 낱말	**3. 자주 틀리는 겹받침이 쓰인 말** ㄳ, ㄵ, ㅄ, ㄼ, ㄻ, ㄶ, ㅀ 등 겹받침이 있는 낱말
4. 어려운 모음자가 쓰인 말 ㅐ, ㅔ, ㅒ, ㅖ, ㅘ, ㅝ가 들어간 낱말	**4. 어려운 모음자가 쓰인 말** ㅢ, ㅚ, ㅟ, ㅙ, ㅞ가 들어간 낱말

초등 기초 맞춤법 원리와 헷갈리는 낱말을 배우고,
문장 쓰기와 받아쓰기를 하며 쓰기 실력을 키워요!

2A와 2B에서는 헷갈리는 낱말과 자주 잘못 쓰는 낱말을 익혀요!

2A

1. 소리는 같아도 뜻이 다른 말
'같다 | 갖다'부터 '바치다 | 받히다'까지
같은 소리가 나지만 뜻이 다른 20개 낱말

2. 모양이 비슷해서 헷갈리는 말
'긋다 | 긁다'부터 '부시다 | 부수다'까지
글자의 모양이 비슷한 20개 낱말

3. 뜻을 구별해서 써야 하는 말
'가르치다 | 가리키다'부터
'-장이 | -쟁이'까지
뜻을 구별하기 어려운 12개 낱말

4. 잘못 쓰기 쉬운 말
'설거지, 며칠'부터 '기다란, 나는'까지
맞춤법을 모르면 틀리기 쉬운 12개 낱말

2B

1. 소리는 같아도 뜻이 다른 말
'반드시 | 반듯이'부터 '짓다 | 짖다'까지
같은 소리가 나지만 뜻이 다른 20개 낱말

2. 모양이 비슷해서 헷갈리는 말
'세다 | 새다'부터 '되-돼 | 뵈-봬'까지
글자의 모양이 비슷한 22개 낱말

3. 뜻을 구별해서 써야 하는 말
'여위다 | 여의다'부터 '이따가 | 있다가'까지
뜻을 구별하기 어려운 12개 낱말

4. 잘못 쓰기 쉬운 말
'담가, 잠가'부터 '안, 않-'까지
맞춤법을 모르면 틀리기 쉬운 12개 낱말

특징과 활용법

※ 헷갈리는 낱말을
그림과 뜻을 보며
배우고, 확인 문제를
풀며 익혀요.

※ 배운 낱말이 들어간
문장을 직접 써 보며
쓰기 실력을 키워요.

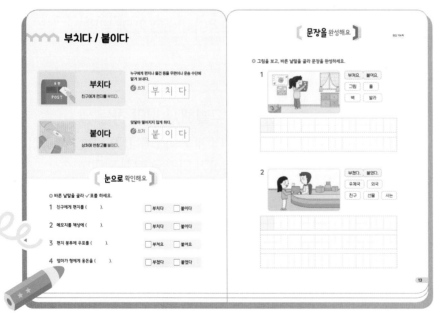

- ✅ 책으로 하루 4쪽 공부하며, 초등 쓰기력을 키워요!
- ✅ 모바일앱으로 공부한 내용을 복습하고 몬스터를 잡아요!

공부한 내용 확인하기

※ 단원 평가 문제, 받아쓰기 문제,
   실력 확인 문제를 풀며 공부한 내용과
   자기의 실력을 확인해요. 💡

모바일앱으로 복습하기

앱 다운받기   책 인증하기

※ 그날 배운 내용을 바로바로,
   또는 주말에 모아서 복습하고,
   다이아몬드 획득까지! 💎
   공부가 저절로 즐거워져요!

차례

우리도 하루 4쪽 공부 습관!
스스로 공부하는 힘을
키워 볼까요?

큰 습관이
지금은 그 친구를 이끌고 있어요.
매일매일의 좋은 습관은 우리를 좋은
곳으로 이끌어 줄 거예요.

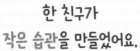

한 친구가
작은 습관을 만들었어요.

매일매일의 시간이 흘러
작은 습관은 큰 습관이 되었어요.

1 소리는 같아도
뜻이 달라요

01 반드시 / 반듯이

반드시

반드시 해 낼 것이다.

틀림없이. 꼭.

 쓰기

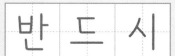

반 ㅣ 드 ㅣ 시

반듯이

선을 반듯이 그리다.

비뚤어지지 않고 똑바로.

 쓰기

반 ㅣ 듯 ㅣ 이

【 눈으로 확인해요 】

○ 바른 낱말을 골라 ✓표를 하세요.

1 약속은 (　　　) 지켜요.

☐ 반드시　　☐ 반듯이

2 아기를 침대에 (　　　) 눕혔다.

☐ 반드시　　☐ 반듯이

3 자기 전에 이를 (　　　) 닦겠어요.

☐ 반드시　　☐ 반듯이

4 자세를 (　　　) 하고 공부를 했다.

☐ 반드시　　☐ 반듯이

문장을 완성해요

● 그림을 보고, 바른 낱말을 골라 문장을 완성하세요.

1

반드시 반듯이

나 오늘

하겠다. 숙제

2

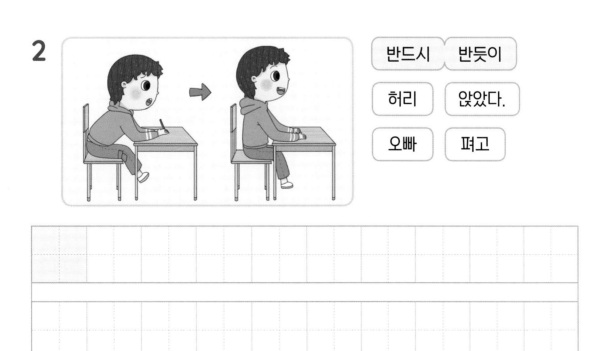

반드시 반듯이

허리 앉았다.

오빠 펴고

부치다 / 붙이다

부치다

친구에게 편지를 부치다.

누구에게 편지나 물건 등을 우편이나 운송 수단에 맡겨 보내다.

 쓰기

부	치	다

붙이다

상처에 반창고를 붙이다.

맞닿아 떨어지지 않게 하다.

 쓰기

붙	이	다

〔 눈으로 확인해요 〕

◎ 바른 낱말을 골라 ✓표를 하세요.

1 친구에게 편지를 (   ).

☐ 부치다   ☐ 붙이다

2 메모지를 책상에 (   ).

☐ 부치다   ☐ 붙이다

3 편지 봉투에 우표를 (   ).

☐ 부쳐요   ☐ 붙여요

4 엄마가 형에게 용돈을 (   ).

☐ 부쳤다   ☐ 붙였다

문장을 완성해요

◎ 그림을 보고, 바른 낱말을 골라 문장을 완성하세요.

1

부쳐요. 붙여요.

그림 풀

벽 발라

2

부쳤다. 붙였다.

우체국 외국

친구 선물 사는

02 붓다 / 붇다

붓다

밀가루에 물을 붓다.

어디에 액체나 가루를 쏟아 넣다.

 쓰기

| 붓 | 다 |

붇다

라면이 붇다.

물에 젖어서 부피가 커지고 겉이 무르게 되다.

 쓰기

| 붇 | 다 |

[눈으로 확인해요]

◎ 바른 낱말을 골라 ✔표를 하세요.

1 쌀통에 쌀을 (   ).

☐ 붓다   ☐ 붇다

2 물에 담근 콩이 (   ).

☐ 붓다   ☐ 붇다

3 화분에 흙을 가득 (   ).

☐ 부었다   ☐ 붇었다

4 마른 미역이 물에 (   ) 커졌다.

☐ 부어   ☐ 불어

○ 그림을 보고, 바른 낱말을 골라 문장을 완성하세요.

1

부어　불어

국수　퉁퉁

없다.　맛

2

붓고　붇고

냄비　물

끓였다.　된장국

빗다 / 빗다

빗다

머리를 빗다.

빗으로 머리털을 가지런히 다듬다.

 쓰기
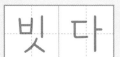

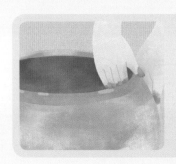

빚다

도자기를 빚다.

떡이나 도자기 등의 반죽을 손으로 다듬어서 만들다.

 쓰기

〔 눈으로 확인해요 〕

○ 바른 낱말을 골라 ✔표를 하세요.

1 추석에 송편을 (   ).

☐ 빗다 ☐ 빚다

2 엉킨 머리를 빗으로 (   ).

☐ 빗다 ☐ 빚다

3 강아지의 털을 (   ) 주었어요.

☐ 빗어 ☐ 빚어

4 흙으로 (   ) 도자기를 구경했다.

☐ 빗은 ☐ 빚은

문장을 완성해요

◎ 그림을 보고, 바른 낱말을 골라 문장을 완성하세요.

1

빗는다.　빚는다.

아이　함께

엄마　그릇

2

빗고　빚고

단정하게　학교

머리　갔다.

03 앉다 / 안다

앉다

의자에 앉다.

어디에 엉덩이를 바닥에 붙이고 윗몸을 세우다.

✏️ 쓰기

앉	다

안다

엄마를 안다.

무엇을 두 팔로 끌어당겨 가슴에 품다.

✏️ 쓰기

안	다

[눈으로 확인해요]

○ 바른 낱말을 골라 ✔표를 하세요.

1 정해진 자리에 (　　　).

☐ 앉다　　☐ 안다

2 인형을 가슴에 꼭 (　　　).

☐ 앉다　　☐ 안다

3 바닥에 (　　　) 책을 읽겠다.

☐ 앉아　　☐ 안아

4 친구가 나를 꼭 (　　　) 주었다.

☐ 앉아　　☐ 안아

〔 문장을 완성해요 〕

○ 그림을 보고, 바른 낱말을 골라 문장을 완성하세요.

1

앉았다.　안았다.

동생　다정하게

강아지

2

앉아서　안아서

소파　언니

본다.　텔레비전

업다 / 엎다

업다

아이를 업다.

사람이나 동물을 등에 대고 손으로 붙잡거나
무엇으로 동여매어 붙어 있게 하다.

 쓰기

엎다

컵을 엎다.

밑바닥이 위로 가고 위가 밑바닥이 되게 거꾸로
놓거나 담겨 있는 것이 쏟아지게 뒤집다.

 쓰기

〔 눈으로 확인해요 〕

○ 바른 낱말을 골라 ✔표를 하세요.

1 컵을 씻어 (   ).　　　　　☐ 업다　　☐ 엎다

2 졸린 아이를 등에 (   ).　　☐ 업다　　☐ 엎다

3 모자를 벗어 (   ) 두었습니다.　☐ 업어　　☐ 엎어

4 다리를 다친 동생을 (   ) 걸었다.　☐ 업고　　☐ 엎고

○ 그림을 보고, 바른 낱말을 골라 문장을 완성하세요.

1

업어서 엎어서

컵 아기

쏟아졌다. 물

2

업고 엎고

소방관 병원

환자 달려갔다.

식히다 / 시키다

식히다

뜨거운 차를 식히다.

더운 기를 없애다. 차게 하다.

 쓰기

| 식 | 히 | 다 |

시키다

엄마가 심부름을 시키다.

남에게 무슨 일을 하게 하다.

 쓰기

| 시 | 키 | 다 |

눈으로 확인해요

○ 바른 낱말을 골라 ✓표를 하세요.

1 뜨거운 밥을 차게 (   ).

☐ 식히다   ☐ 시키다

2 아빠가 나에게 노래를 (   ).

☐ 식히다   ☐ 시키다

3 팔팔 끓인 국을 (   ) 먹었다.

☐ 식혀   ☐ 시켜

4 수영 강사가 준비 운동을 (   ).

☐ 식혔다   ☐ 시켰다

문장을 완성해요

◎ 그림을 보고, 바른 낱말을 골라 문장을 완성하세요.

1

식히자. 시키자.

물놀이 더위 하며

2

식히셨다. 시키셨다.

선생님 학생들

청소 교실

저리다 / 절이다

저리다

발이 저리다.

피가 잘 통하지 않아 남의 살처럼 감각이 둔하고 움직임이 자연스럽지 못하다.

 쓰기

절이다

소금에 배추를 절이다.

채소나 생선 등에 소금, 식초, 설탕 등이 배어들게 하다.

 쓰기

[눈으로 확인해요]

◉ 바른 낱말을 골라 ✔표를 하세요.

1 오이를 식초에 (   ).

☐ 저리다   ☐ 절이다

2 야구를 했더니 팔이 (   ).

☐ 저리다   ☐ 절이다

3 다리가 (   ) 잘 펴지지 않아요.

☐ 저려서   ☐ 절여서

4 설탕에 사과를 (   ) 잼을 만들었다.

☐ 저려   ☐ 절여

문장을 완성해요

○ 그림을 보고, 바른 낱말을 골라 문장을 완성하세요.

1

저린 | 절인

나 | 소금

좋아한다. | 고등어

2

저려요. | 절여요.

다리 | 앉았더니

쪼그려

05 젓다 / 젖다

젓다

차를 젓다.

고루 퍼지거나 섞이게 하려고 액체나 가루를 젓가락 등으로 이리저리 돌리다.

 쓰기

| 젓 | 다 |

젖다

옷이 비에 젖다.

물이 배어 축축하게 되다.

 쓰기

| 젖 | 다 |

〔 눈으로 확인해요 〕

○ 바른 낱말을 골라 ✔표를 하세요.

1 타지 않게 죽을 (   ).

　□ 젓다　　□ 젖다

2 손을 씻다가 옷이 (   ).

　□ 젓다　　□ 젖다

3 땀에 (   ) 옷을 갈아입었다.

　□ 젓어　　□ 젖어

4 달걀을 푼 물을 수저로 (   ).

　□ 저었다　　□ 젖었다

문장을 완성해요

◎ 그림을 보고, 바른 낱말을 골라 문장을 완성하세요.

1

젓자	젖자
거품	비눗물
많이	생겼다.

2

젓었다.	젖었다.
빨래	마당	있던
비	내려서

짓다 / 짖다

짓다

집을 짓다.

재료를 써서 무엇을 만들다.

 쓰기

짖다

개가 짖다.

개가 시끄럽고 크게 소리를 내다.

 쓰기

눈으로 확인해요

○ 바른 낱말을 골라 ✔표를 하세요.

1 개가 멍멍 (   ).

☐ 짓다　　☐ 짖다

2 가족이 먹을 아침밥을 (   ).

☐ 짓다　　☐ 짖다

3 강아지가 (   ) 소리가 들렸습니다.

☐ 짓는　　☐ 짖는

4 생신 선물로 한복을 (   ) 선물했다.

☐ 지어　　☐ 짖어

문장을 완성해요

정답 114쪽

◎ 그림을 보고, 바른 낱말을 골라 문장을 완성하세요.

1

지었다. 짖었다.

제비 집

지붕 밑

2

짓는 짖는

깼다. 소리

잠 개

◎ 바른 낱말을 골라 ✔표를 하세요.

1 ☐ 반드시 ☐ 반듯이 횡단보도로 길을 건너요.

2 우편으로 짐을 ☐ 부치려고 ☐ 붙이려고 한다.

3 엄마가 가습기에 물을 ☐ 붓는다. ☐ 붇는다.

4 흙을 ☐ 빗어 ☐ 빚어 꽃병을 만들었다.

5 엄마는 동생을 두 팔로 ☐ 앉았다. ☐ 안았다.

6 바구니를 ☐ 업으니 ☐ 엎으니 콩이 쏟아졌다.

7 뜨거운 우유를 차게 ☐ 식혀 ☐ 시켜 먹겠다.

8 배추를 소금에 ☐ 저려 ☐ 절여 김치를 만들었다.

9 겉옷이 비에 ☐ 젖어 ☐ 젙어 새 옷으로 갈아입었다.

10 이모가 고향에 큰 집을 ☐ 지었다. ☐ 짖었다.

○ 밑줄 친 낱말을 바르게 고쳐 쓰세요.

11 모자를 비뚤게 쓰지 말고 반드시 <u>써라</u>.

12 냉장고에 사진을 <u>부치다</u>.

13 오래 끓여서 <u>부은</u> 라면은 맛이 없다.

14 긴 머리를 <u>빚어</u> 끈으로 묶었다.

15 학생들은 모두 의자에 <u>안으세요</u>.

16 엄마가 우는 아이를 <u>엎고</u> 달랬다.

17 선생님이 학생에게 줄넘기를 <u>식혔다</u>.

18 철봉에 오래 매달렸더니 팔이 <u>절이다</u>.

19 밀가루에 설탕을 넣고 <u>젖는다</u>.

20 옆집 강아지가 시끄럽게 <u>짓었다</u>.

받아쓰기

아이에게 **정답 115쪽** 내용을 불러 주거나, **QR코드**를 찍어 내용을 들려주세요.

문제 듣기

◎ 불러 주는 말을 잘 듣고 맞춤법에 맞게 받아쓰세요.

1

2

3

4

5

6

7

8

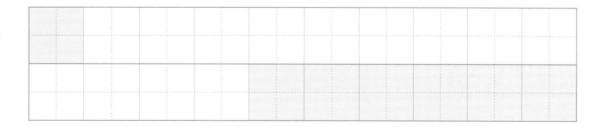

9

10

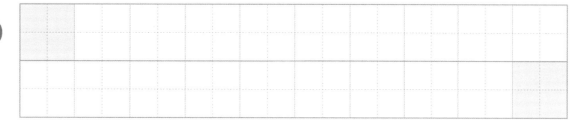

✔ 어려운 글자나 틀린 글자를 연습해요.

2 모양이 비슷해서 헷갈려요

07 세다 / 새다

세다
힘이 세다.

힘이 보통보다 강하다.

✎ 쓰기   세 다

새다
우유가 새다.

기체, 액체 등이 틈이나 구멍으로 조금씩 빠져 나가거나 나오다.

✎ 쓰기   새 다

〔 눈으로 확인해요 〕

○ 바른 낱말을 골라 ✔표를 하세요.

1 공에서 바람이 (   ).

☐ 세다   ☐ 새다

2 내 친구는 기운이 (   ).

☐ 세다   ☐ 새다

3 물이 (   ) 바가지를 버렸다.

☐ 세는   ☐ 새는

4 야구 선수가 공을 (   ) 던진다.

☐ 세게   ☐ 새게

문장을 완성해요

◎ 그림을 보고, 바른 낱말을 골라 문장을 완성하세요.

1

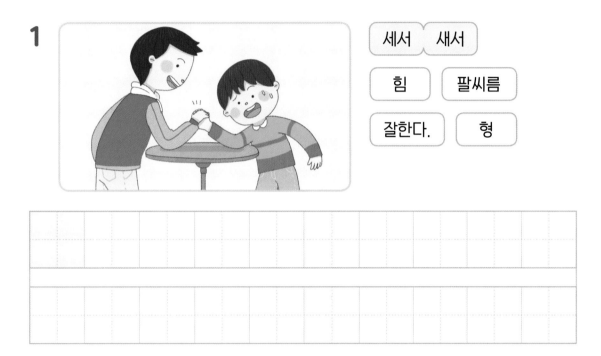

세서　새서

힘　팔씨름

잘한다.　형

2

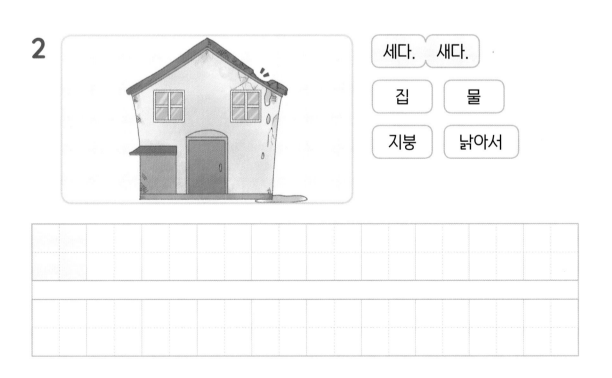

세다.　새다.

집　물

지붕　낡아서

썰다 / 쓸다

썰다

파를 썰다.

무엇을 칼이나 톱으로 여러 토막으로 자르다.

 쓰기

쓸다

낙엽을 쓸다.

빗자루로 쓰레기 등을 밀어 내거나 한데 모아서 버리다.

 쓰기

[눈으로 확인해요]

○ 바른 낱말을 골라 ✓표를 하세요.

1 떡을 얇게 (   ).

☐ 썰다　　☐ 쓸다

2 골목길에 쌓인 눈을 (   ).

☐ 썰다　　☐ 쓸다

3 마당을 (   ) 깨끗해졌다.

☐ 써니　　☐ 쓰니

4 톱으로 나무를 (   ) 일은 힘들다.

☐ 써는　　☐ 쓰는

○ 그림을 보고, 바른 낱말을 골라 문장을 완성하세요.

1

썰어	쓸어
양파	찌개
넣었다.	

2

썰었다.	쓸었다.
바닥	교실
열심히	친구

08 얕다 / 얇다

얕다

물이 얕다.

겉에서 속, 또는 밑에서 위까지의 길이가 짧다.

 쓰기

얇다

이불이 얇다.

두께가 두껍지 아니하다.

 쓰기

〔 눈으로 확인해요 〕

◉ 바른 낱말을 골라 ✓표를 하세요.

1 그 강은 깊이가 (   ).

☐ 얇다   ☐ 얕다

2 여름 옷은 매우 (   ).

☐ 얇다   ☐ 얕다

3 종이가 (   ) 잘 찢어진다.

☐ 얇아서   ☐ 얕아서

4 (   ) 산은 오르기 쉽습니다.

☐ 얇은   ☐ 얕은

문장을 완성해요

정답 117쪽

○ 그림을 보고, 바른 낱말을 골라 문장을 완성하세요.

1

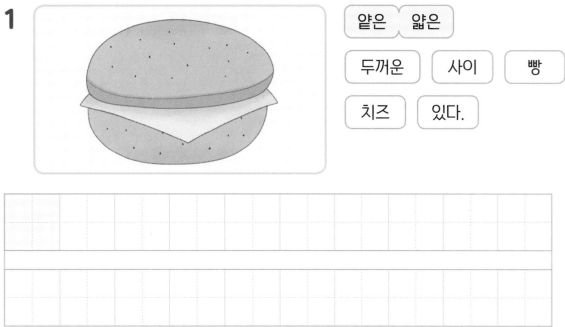

얕은	얇은
두꺼운	사이	빵
치즈	있다.

2

얕아서	얇아서
고개	천장	들기
다락방	어렵다.

이루다 / 이르다

이루다

꿈을 이루다.

뜻한 대로 되게 하다.

 쓰기

이	루	다

이르다

산꼭대기에 이르다.

어떤 장소나 시간에 닿다.

 쓰기

이	르	다

[눈으로 확인해요]

○ 바른 낱말을 골라 ✓표를 하세요.

1 약속 장소에 (　　　).

☐ 이루다　　☐ 이르다

2 드디어 목적을 (　　　).

☐ 이루다　　☐ 이르다

3 내 뜻을 (　　　) 말겠어.

☐ 이루고　　☐ 이르고

4 열두 시에 (　　　) 집에 돌아왔다.

☐ 이루어　　☐ 이르러

문장을 완성해요

○ 그림을 보고, 바른 낱말을 골라 문장을 완성하세요.

1

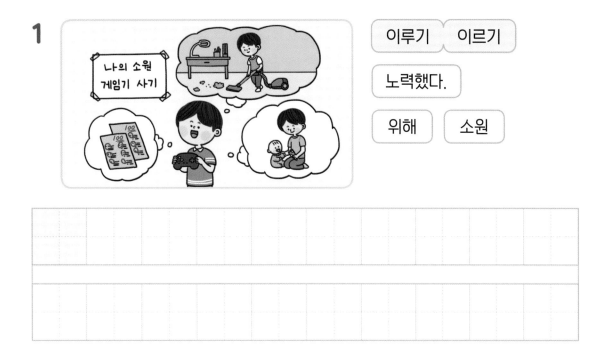

이루기　이르기

노력했다.

위해　소원

2

이루었다.　이르렀다.

우리 가족　기차

타고　바다

09 잊어버리다 / 잃어버리다

잊어버리다

약속을 잊어버리다.

한번 알았던 것을 기억하지 못하다.

기억이나 감정처럼 눈에 보이지 않는 것이 사라졌을 때 써요.

 쓰기

| 잊 | 어 | 버 | 리 | 다 |

잃어버리다

필통을 잃어버리다.

가지고 있던 물건을 자기도 모르게 흘리거나 놓쳐서 그것을 가지지 못하다.

필통이나 연필처럼 눈에 보이는 것이 사라졌을 때 써요.

 쓰기

| 잃 | 어 | 버 | 리 | 다 |

〔 눈으로 확인해요 〕

○ 바른 낱말을 골라 ✔표를 하세요.

1 길에서 돈을 (   ).

☐ 잊어버리다 ☐ 잃어버리다

2 어제 읽은 내용을 (   ).

☐ 잊어버리다 ☐ 잃어버리다

3 학교에서 지우개를 (   ).

☐ 잊어버렸다 ☐ 잃어버렸다

4 영어 단어를 (   ) 다시 외웠다.

☐ 잊어버려서 ☐ 잃어버려서

문장을 완성해요

◎ 그림을 보고, 바른 낱말을 골라 문장을 완성하세요.

1

잊어버렸다.　잃어버렸다.

문　　비밀번호

음악실

2

잊어버린　잃어버린

책상　　찾았다.

색연필　　밑

작다 / 적다

작다

민들레는 키가 작다.

길이, 크기 등이 비교 대상이나 보통에 미치지 못하다.

 쓰기

작	다

적다

내 밥이 적다.

수나 양이 많지 않다.

 쓰기

적	다

【 눈으로 확인해요 】

○ 바른 낱말을 골라 ✔표를 하세요.

1 아기는 발 크기가 (　　　).

☐ 작다　　☐ 적다

2 그 지역은 비가 오는 양이 (　　　).

☐ 작다　　☐ 적다

3 손님이 (　　　) 식당이 한가하다.

☐ 작아서　　☐ 적어서

4 우리 집에는 (　　　) 앞마당이 있다.

☐ 작은　　☐ 적은

정답 118쪽

◎ 그림을 보고, 바른 낱말을 골라 문장을 완성하세요.

1

작게 · 적게

언니 · 나

용돈 · 받는다.

2

작다. · 적다.

꼬리 · 귀

토끼 · 크지만

10

헤어지다 / 해어지다

헤어지다

친구들과 헤어지다.

모여 있던 사람들이 따로따로 흩어지다.

 쓰기

| 헤 | 어 | 지 | 다 |

해어지다

옷이 해어지다.

닳아서 떨어지다.

쓰기

| 해 | 어 | 지 | 다 |

[눈으로 확인해요]

○ 바른 낱말을 골라 ✔표를 하세요.

1 학원 앞에서 동생과 (   ).

☐ 헤어지다   ☐ 해어지다

2 오래 신어서 구두가 (   ).

☐ 헤어지다   ☐ 해어지다

3 (   ) 양말 뒤꿈치를 꿰매다.

☐ 헤어진   ☐ 해어진

4 사이좋던 형제는 전쟁 중에 (   ).

☐ 헤어졌다   ☐ 해어졌다

문장을 완성해요

◎ 그림을 보고, 바른 낱말을 골라 문장을 완성하세요.

1

헤어졌다.   해어졌다.

끝나고   생일잔치

친구들

2

헤어진   해어진

운동화   새   신발

샀다.   버리고

한참 / 한창

한참

비가 한참 왔다.

시간이 상당히 지나는 동안이나 어떤 일이
상당히 오래 일어나는 모양.

✎ 쓰기

한	참

한창

벚꽃이 한창이다.

어떤 일이 가장 기운차게 일어나는 때나 모양.

✎ 쓰기

한	창

【 눈으로 확인해요 】

○ 바른 낱말을 골라 ✓표를 하세요.

1 솥에 팥을 (   ) 삶았다.

☐ 한참 ☐ 한창

2 (   ) 동안 숲속을 걸었다.

☐ 한참 ☐ 한창

3 거실에서는 윷놀이가 (   )이다.

☐ 한참 ☐ 한창

4 가을은 농부가 (   ) 바쁜 계절이다.

☐ 한참 ☐ 한창

문장을 완성해요

정답 119쪽

○ 그림을 보고, 바른 낱말을 골라 문장을 완성하세요.

1

한참이다. 한창이다.

학교 지금

운동회

2

한참 한창

시간 지나 왔다.

친구 약속한

11 체 / 채

체

형은 잘난 체가 심하다.

그럴듯하게 거짓으로 꾸미는 태도나 모양.

✏ 쓰기

잘	난	체

채

고개를 숙인 채 대답하다.

이미 있는 상태 그대로 있다는 뜻을 나타내는 말.

✏ 쓰기

숙	인	채

〔 눈으로 확인해요 〕

○ 바른 낱말을 골라 ✓표를 하세요.

1 동생을 등에 업은 (   ) 걸었다.

☐ 체   ☐ 채

2 의자에 앉은 (   )로 잠이 들었다.

☐ 체   ☐ 채

3 쓰레기를 보고도 못 본 (   )했다.

☐ 체   ☐ 채

4 무릎이 아프지만 괜찮은 (   )를 했다.

☐ 체   ☐ 채

문장을 완성해요

◎ 그림을 보고, 바른 낱말을 골라 문장을 완성하세요.

1

기댄 체	기댄 채
벽	기타
형	쳤다.

2

들은 체도	들은 채도
이름	불러도
준호	하지 않았다.

되- / 돼 | 뵈- / 봬

되어 → 돼

'돼'는 '되어'가 줄어든 말이에요. '되어'로 바꿀 수 있으면 '돼'로 쓰고, 바꿀 수 없으면 '되'로 써요.

| 되어요(○) → 돼요(○) | 되어지(×) → 돼지(×) |

✏ 쓰기

안	돼	요
되	지	

뵈어 → 봬

'봬'는 '뵈어'가 줄어든 말이에요. '뵈어'로 바꿀 수 있으면 '봬'로 쓰고, 바꿀 수 없으면 '뵈'로 써요.

| 뵈어요(○) → 봬요(○) | 뵈어지(×) → 봬지(×) |

✏ 쓰기

못	봬	요
뵈	지	

눈으로 확인해요

○ 바른 낱말을 골라 ✓표를 하세요.

1 내일 또 (   ).

☐ 뵈요 ☐ 봬요

2 착한 사람이 (   ).

☐ 되라 ☐ 돼라

3 선생님을 (   ) 왔어요.

☐ 뵈러 ☐ 봬러

4 나는 가수가 (   ) 행복하다.

☐ 되어 ☐ 돼어

문장을 완성해요

◎ 그림을 보고, 바른 낱말을 골라 문장을 완성하세요.

1

됬다. 됐다.

겨울 봄

지나고

2

뵈어서 봬어서

할머니 얼굴

오랜만에 반가웠다.

2단원 평가

◎ 바른 낱말을 골라 ✓표를 하세요.

1 방문을 ☐세게 ☐새게 닫았다.

2 집 앞에 쌓인 눈을 ☐썰었다. ☐쓸었다.

3 날씨가 더우니까 ☐얕은 ☐얇은 옷을 입을 거야.

4 여덟 시가 되어 목적지에 ☐이루었다. ☐이르렀다.

5 하루 종일 외운 노래 가사를 모두 ☐잊어버렸다. ☐잃어버렸다.

6 내 가방은 친구 가방보다 크기가 ☐작다. ☐적다.

7 이 옷은 낡아서 소매가 ☐헤어져 ☐해어져 있다.

8 들녘에서 가을걷이가 ☐한참이다. ☐한창이다.

9 그 사람은 아무것도 모르면서 똑똑한 ☐체를 ☐채를 한다.

10 너는 커서 무엇이 ☐되고 ☐돼고 싶니?

○ 밑줄 친 낱말을 바르게 고쳐 쓰세요.

11　병에 구멍이 뚫려 음료수가 <u>셌다</u>.

12　땔감으로 쓸 나무를 톱으로 <u>쓸었다</u>.

13　물이 <u>얊은</u> 개울을 건넜다.

14　드디어 내 꿈을 <u>이르다</u>.

15　도서관에서 빌린 책을 <u>잊어버렸다</u>.

16　내 <u>몫</u>으로 받은 과자의 양이 작다.

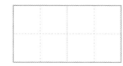

17　우리는 지하철역 앞에서 <u>해어졌다</u>.

18　<u>한창</u>을 웃었더니 배가 아프다.

19　옷을 입은 <u>체</u>로 잤다.

20　내일 아침에 <u>뽑겠습니다</u>.

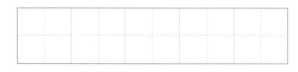

57

받아쓰기

아이에게 **정답 121쪽 내용**을 불러 주거나, **QR코드**를 찍어 내용을 들려주세요.

문제 듣기

◉ 불러 주는 말을 잘 듣고 맞춤법에 맞게 받아쓰세요.

1

2

3

4

5

6

7

59

8

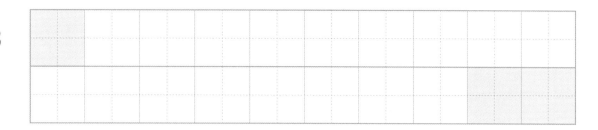

9

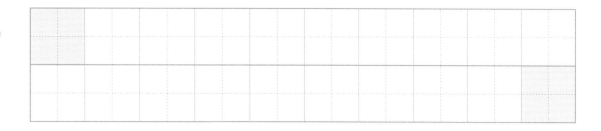

10

✅ 어려운 글자나 틀린 글자를 연습해요.

3 뜻을 구별해서 써야 해요

13 여위다 / 여의다

여위다

강아지가 여위다.

살이 빠져서 마르고 앙상하게 되다.

 쓰기

여	위	다

여의다

아버지를 여의다.

죽어서 이별하다.

 쓰기

여	의	다

눈으로 확인해요

○ 바른 낱말을 골라 ✓표를 하세요.

1 얼굴이 홀쭉하게 (   ).

    ☐ 여위다   ☐ 여의다

2 어릴 때 부모님을 (   ).

    ☐ 여위다   ☐ 여의다

3 어머니의 (   ) 손이 보였다.

    ☐ 여윈   ☐ 여읜

4 그녀는 젊어서 남편을 (   ).

    ☐ 여위었다   ☐ 여의었다

[문장을 완성해요]

정답 122쪽

◎ 그림을 보고, 바른 낱말을 골라 문장을 완성하세요.

1

여위었다.　여의었다.

심청이　어머니

어릴 때

2

여위었다.　여의었다.

적게　말

먹이　먹어서

쫓다 / 좇다

좇다

축구 선수라는 꿈을 좇다.

목표, 꿈, 행복 등을 추구하거나 남의 말, 뜻을 따르다.

'좇다'는 주로 눈에 보이지 않는 것이 목적어가 돼요.

✏️ 쓰기

쫓다

사자가 사슴을 쫓다.

뒤를 따르거나 남아 있는 흔적을 따라가다.

'쫓다'는 주로 눈에 보이는 것이 목적어가 돼요.

✏️ 쓰기 | 쫓 | 다 |

〔 눈으로 확인해요 〕

○ 바른 낱말을 골라 ✔표를 하세요.

1 경찰관이 도둑을 (   ).

☐ 좇다　　☐ 쫓다

2 부모님의 의견을 (   ).

☐ 좇다　　☐ 쫓다

3 행복을 (   ) 살고 싶다.

☐ 좇으며　　☐ 쫓으며

4 엄마 뒤를 (   ) 걸었습니다.

☐ 좇아　　☐ 쫓아

문장을 완성해요

정답 122쪽

○ 그림을 보고, 바른 낱말을 골라 문장을 완성하세요.

1

좇아 쫓아

물놀이장 들어갔다.

친구

2

좇아 쫓아

뜻 장군 시작했다.

병사들 훈련

넘어 / 너머

넘어

산을 넘어 가자.

높은 곳이나 어떤 경계를 지나거나 건너.

'넘어'는 동작을 나타내는 말이에요.

 쓰기

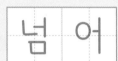

너머

산 너머 마을이 있다.

어디를 넘어서 저쪽 건너편.

'너머'는 공간이나 공간의 위치를 나타내는 말이에요.

 쓰기

너	머

【 **눈으로** 확인해요 】

○ 바른 낱말을 골라 ✔표를 하세요.

1 언덕 (   )로 해가 진다.

☐ 넘어 ☐ 너머

2 도둑이 담을 (   ) 들어왔다.

☐ 넘어 ☐ 너머

3 고개를 (   ) 집에 돌아왔다.

☐ 넘어 ☐ 너머

4 창문 (   ) 파란 하늘이 보여요.

☐ 넘어 ☐ 너머

[문장을 완성해요]

◎ 그림을 보고, 바른 낱말을 골라 문장을 완성하세요.

1

넘어　너머

말　달렸다.

장애물　빠르게

2

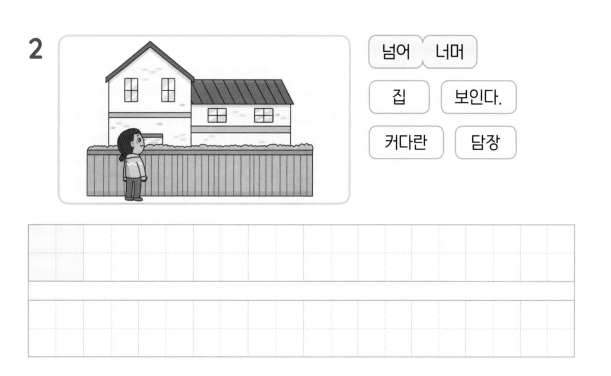

넘어　너머

집　보인다.

커다란　담장

-던지 / -든지

-던지

어제 얼마나 추웠던지
감기에 걸렸다.

과거의 행동에 대하여 생각하거나 추측할 때
쓰는 말.

 쓰기

추	웠	던	지

-든지

공부를 하든지 놀든지 해야지.

어느 것이든 선택될 수 있음을 나타내는 말.

 쓰기

놀	든	지

〔 눈으로 확인해요 〕

○ 바른 낱말을 골라 ✔표를 하세요.

1 가(　　　) 말(　　　) 마음대로 하렴.　　☐ 던지　☐ 든지

2 얼마나 떨렸(　　　) 손에 땀이 가득 찼다.　☐ 던지　☐ 든지

3 싫(　　　) 좋(　　　) 숙제를 해야 한다.　　☐ 던지　☐ 든지

4 어찌나 덥(　　　) 아이스크림이 다 녹았다.　☐ 던지　☐ 든지

문장을 완성해요

정답 123쪽

◎ 그림을 보고, 바른 낱말을 골라 문장을 완성하세요.

1

울었던지 울었든지

퉁퉁 부었다.

얼마나 눈

2

치킨이든지 치킨이던지

피자든지 피자던지

주문하자. 얼른

15 로서 / 로써

로서
반 대표로서 회의에 참석했다.

지위나 신분 또는 자격을 나타낼 때 쓰는 말.

✎ 쓰기

대	표	로	서

로써
쌀로써 떡을 만든다.

어떤 물건의 재료나 원료 또는 어떤 일의
수단이나 도구를 나타낼 때 쓰는 말.

✎ 쓰기

쌀	로	써

【 눈으로 확인해요 】

○ 바른 낱말을 골라 ✔표를 하세요.

1 꿀(   ) 단맛을 냈다.

☐ 로서   ☐ 로써

2 대화(   ) 오해를 풀었다.

☐ 로서   ☐ 로써

3 친구(   ) 우정을 지킬 거야.

☐ 로서   ☐ 로써

4 자식(   ) 부모님 말씀을 잘 듣는다.

☐ 으로서   ☐ 으로써

문장을 완성해요

◎ 그림을 보고, 바른 낱말을 골라 문장을 완성하세요.

1

법으로서　법으로써

사건　판사

판결한다.

2

경찰로서　경찰로써

잃은　아이

길　도왔다.

이따가 / 있다가

이따가 봐.

이따가

친구와 이따가 보기로 했다.

조금 지난 뒤에.

'이따가'는 시간과 관련해서 써요.

 쓰기

이	따	가

있다가

집에 있다가 나갈게.

어디에 위치하거나 머물다가.

'있다가'는 특정 장소와 관련해서 써요.

 쓰기

있	다	가

눈으로 확인해요

◉ 바른 낱말을 골라 ✓표를 하세요.

1 (   ) 비가 온대.

☐ 있다가 ☐ 이따가

2 조금 (   ) 먹을게.

☐ 있다가 ☐ 이따가

3 방에 (   ) 거실로 나갔다.

☐ 있다가 ☐ 이따가

4 보건실에 (   ) 잠이 들었다.

☐ 있다가 ☐ 이따가

문장을 완성해요

● 그림을 보고, 바른 낱말을 골라 문장을 완성하세요.

1

있다가	이따가
수업	만나자.
끝나고	

2

있다가	이따가
갈게.	도서관
공원	나

16 3단원 평가

○ 바른 낱말을 골라 ✓표를 하세요.

1 누나의 얼굴이 점점 ☐ 여위어 ☐ 여의어 갔다.

2 표범이 토끼의 뒤를 ☐ 좇았다. ☐ 쫓았다.

3 그는 목표를 ☐ 좇아 ☐ 쫓아 열심히 운동했다.

4 배가 파도를 ☐ 넘어 ☐ 너머 나아갔다.

5 창문 ☐ 넘어 ☐ 너머 로 바다가 보인다.

6 ☐ 먹던지 ☐ 먹든지 ☐ 말던지 ☐ 말든지 네 마음대로 해.

7 첫 만남이 ☐ 쑥스러웠던지 ☐ 쑥스러웠든지 얼굴이 빨개졌다.

8 ☐ 학생으로서 ☐ 학생으로써 지켜야 할 규칙이 있다.

9 조금 ☐ 이따가 ☐ 있다가 놀이터 앞에서 만나자.

10 학교에 ☐ 이따가 ☐ 있다가 학원으로 갔어요.

○ 밑줄 친 낱말을 바르게 고쳐 쓰세요.

11 할머니를 <u>여위고</u> 한참 동안 울었다.

12 그 사람은 돈이 아닌 명예를 <u>쫓았다.</u>

13 엄마는 동생을 <u>좇아</u> 방으로 들어갔다.

14 감나무 가지가 담 <u>넘어로</u> 뻗었다.

15 높은 고개를 <u>너머</u> 마을로 내려갔다.

16 내가 <u>가던지</u> 네가 <u>오던지</u> 하자.

17 문제가 얼마나 <u>어렵든지</u> 푸는 데 한참 걸렸다.

18 콩<u>으로서</u> 메주를 만듭니다.

19 대한민국 국민<u>으로써</u> 투표를 해야 한다.

20 점심 먹고 <u>있다가</u> 이야기하자.

받아쓰기

아이에게 정답 125쪽 내용을 불러 주거나, QR코드를 찍어 내용을 들려주세요.

문제 듣기

◎ 불러 주는 말을 잘 듣고 맞춤법에 맞게 받아쓰세요.

1

2

3

4

5

6

7

8

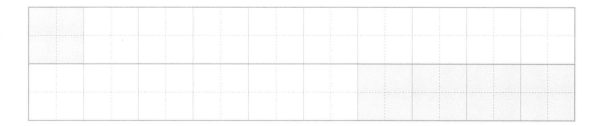

9

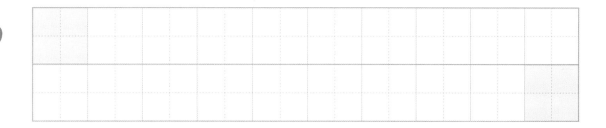

10

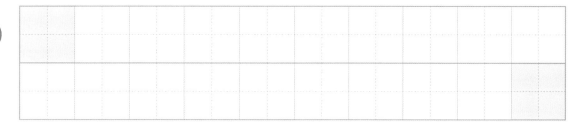

✅ 어려운 글자나 틀린 글자를 연습해요.

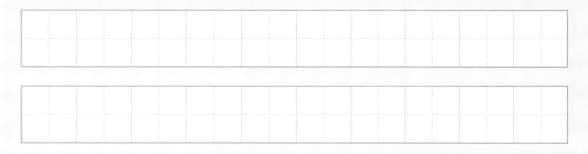

4 이렇게 써야 맞아요

17 담가 / 잠가

담가

담거(×)

물에 손을 담가 보다.

액체 속에 넣음.

 쓰기

담	가

잠가

잠거(×)

상자를 잠가 둬.

문 같은 것을 자물쇠 등으로 열리지 않게 함.

 쓰기

잠	가

〔 눈으로 확인해요 〕

◉ 바른 낱말을 골라 ✔표를 하세요.

1 비가 오니 창문을 (　　　) 둬.

☐ 잠거　　☐ 잠가

2 빨래를 비눗물에 (　　　) 두다.

☐ 담거　　☐ 담가

3 나는 책상 서랍을 열쇠로 (　　　).

☐ 잠겄다　　☐ 잠갔다

4 욕조에 따뜻한 물을 받아 몸을 (　　　).

☐ 담겄다　　☐ 담갔다

○ 그림을 보고, 바른 낱말을 골라 문장을 완성하세요.

1

담겄다. 담갔다.

얼음물 | 수박 | 차가운

2

잠갔다. 잠겄다.

창고 문 | 단단히

자물쇠 | 엄마

앎 / 삶

앎

암(×)

앎이 힘이다.

아는 일.

✎ 쓰기　앎

삶

삼(×)

삶을 살다.

사는 일. 또는 살아 있음.

✎ 쓰기　삶

눈으로 확인해요

◉ 바른 낱말을 골라 ✔표를 하세요.

1 우리는 행복한 (　　　)을 꿈꾼다.　　　☐ 삼　　☐ 삶

2 '(　　　)'은 '아는 일.'이라는 뜻이다.　☐ 암　　☐ 앎

3 이순신의 (　　　)을 그린 영화를 보았다.　☐ 삼　　☐ 삶

4 (　　　)이 부족해 열심히 공부하려고 한다.　☐ 암　　☐ 앎

문장을 완성해요

정답 126쪽

◎ 그림을 보고, 바른 낱말을 골라 문장을 완성하세요.

1

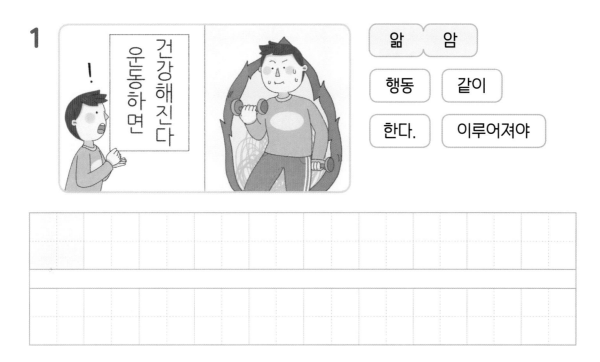

앎　암

행동　같이

한다.　이루어져야

2

삼　삶

돕는　나　살기로

남　결심했다.

18

요새 / 어느새

요새

요세(×)

요새 너무 덥다.

이제까지의 매우 짧은 동안.

 쓰기

요	새

어느새

어느세(×)

어느새 겨울이 됐다.

어느 틈에 벌써.

 쓰기

어	느	새

〔 눈으로 확인해요 〕

○ 바른 낱말을 골라 ✔표를 하세요.

1 나는 (   ) 그림을 그린다.

☐ 요세   ☐ 요새

2 (   ) 손톱이 길게 자랐다.

☐ 어느세   ☐ 어느새

3 (   ) 우유를 꼭 챙겨 마신다.

☐ 요세   ☐ 요새

4 무지개가 (   ) 사라져 버렸다.

☐ 어느세   ☐ 어느새

문장을 완성해요

○ 그림을 보고, 바른 낱말을 골라 문장을 완성하세요.

1

요세　요새

우리　줄넘기

열심히　한다.

2

어느새　어느세

동생　읽다가　잠

책　들었다.

유월 / 시월

유월

육월(×)

유월에는 현충일이 있다.

한 해 열두 달 가운데 여섯째 달.

 쓰기

유	월

시월

십월(×)

시월에는 개천절이 있다.

한 해 열두 달 가운데 열째 달.

 쓰기

시	월

〔 눈으로 확인해요 〕

◎ 바른 낱말을 골라 ✓표를 하세요.

1 올해 추석은 (　　　)에 있다.

☐ 시월　　☐ 십월

2 할머니 생신은 (　　　)에 있다.

☐ 유월　　☐ 육월

3 (　　　)이라 바람이 시원하다.

☐ 시월　　☐ 십월

4 우리 가족은 (　　　)에 캠핑을 간다.

☐ 유월　　☐ 육월

[문장을 완성해요]

정답 127쪽

◉ 그림을 보고, 바른 낱말을 골라 문장을 완성하세요.

1

유월	육월

물놀이	바닷가

갔다.

2

시월	십월

매년	운동회	학교

우리	한다.

19 파란색 / 노란색

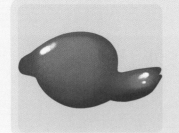

파란색

파랑색(×)

파란색 물감

맑은 하늘의 빛깔과 같은 색.

 쓰기

노란색

노랑색(×)

노란색 물감

개나리꽃이나 병아리의 색깔과 같은 색.

 쓰기

【 눈으로 확인해요 】

○ 바른 낱말을 골라 ✓표를 하세요.

1 이 물감은 (   )이야.

☐ 파랑색   ☐ 파란색

2 바나나 껍질은 (   )이다.

☐ 노랑색   ☐ 노란색

3 나는 (   ) 가방을 메고 있다.

☐ 파랑색   ☐ 파란색

4 개나리 그림을 (   )으로 칠했다.

☐ 노랑색   ☐ 노란색

문장을 완성해요

○ 그림을 보고, 바른 낱말을 골라 문장을 완성하세요.

1

| 파랑색 | 파란색 |
| 친구 | 입었다. | 바지 |

2

노랑색	노란색
되자	물들었다.
가을	은행잎

안 / 않-

안

않(×)

채소를 안 먹다.

아니. 뒷말의 뜻을 부정하는 뜻을 나타내는 말.

'아니'와 바꾸어 쓰는 것이 자연스러우면 '안'을 써요.

✏ 쓰기

안	먹	다

않-

안-(×)

사탕을 먹지 않다.

아니하다. 앞말의 뜻을 부정하는 뜻을 나타내는 말.

'아니하-'로 바꾸어 쓰는 것이 자연스러우면 '않-'을 써요.

✏ 쓰기

먹	지	않	다

〔 눈으로 확인해요 〕

○ 바른 낱말을 골라 ✔표를 하세요.

1 아직까지 숙제를 ( ) 했다.

☐ 안 ☐ 않

2 나는 숙제를 하고 싶지 ( ).

☐ 안다 ☐ 않다

3 누나는 잠도 ( ) 자고 공부했다.

☐ 안 ☐ 않

4 누나가 잠을 자지 ( ) 공부했다.

☐ 안고 ☐ 않고

문장을 완성해요

○ 그림을 보고, 바른 낱말을 골라 문장을 완성하세요.

1

않 안

함부로 건너면

찻길 된다.

2

안고 않고

게임 읽지 책

누나 했다.

○ 바른 낱말을 골라 ✓표를 하세요.

1 엄마는 배추를 소금물에 ☐ 담겄다. ☐ 담갔다.

2 현관문을 잘 ☐ 잠거라. ☐ 잠가라.

3 나는 정직한 ☐ 삼 ☐ 삶 을 살기로 했다.

4 누나는 ☐ 요세 ☐ 요새 날마다 산책을 한다.

5 펑펑 내리던 눈이 ☐ 어느세 ☐ 어느새 그쳤다.

6 ☐ 유월 ☐ 육월 이 되자 날씨가 더워졌다.

7 나는 ☐ 십월 ☐ 시월 부터 수영을 배울 것이다.

8 병아리는 ☐ 노랑색 ☐ 노란색 이다.

9 오늘은 아파서 운동을 ☐ 안 ☐ 않 했다.

10 귀찮아서 세수를 하지 ☐ 안았다. ☐ 않았다.

○ 밑줄 친 낱말을 바르게 고쳐 쓰세요.

11 물에 담거 둔 포도를 건져 씻었다.

12 누나가 책상 서랍을 잠겄다.

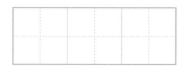

13 삼의 목표를 분명하게 세우다.

14 할머니께서 요세 입맛이 없다고 하셨다.

15 걷다 보니 어느세 집에 도착했다.

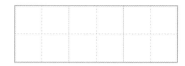

16 벌써 내일이면 십월이다.

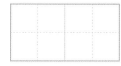

17 파랑색 페인트로 대문을 칠하다.

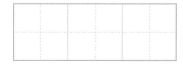

18 나는 노랑색을 좋아한다.

19 형은 바다에 않 들어갔다.

20 아직 감기가 낫지 안았다.

받아쓰기

아이에게 정답 129쪽 내용을 불러 주거나, QR코드를 찍어 내용을 들려주세요.

문제 듣기

○ 불러 주는 말을 잘 듣고 맞춤법에 맞게 받아쓰세요.

1

2

3

4

5

6

7

8

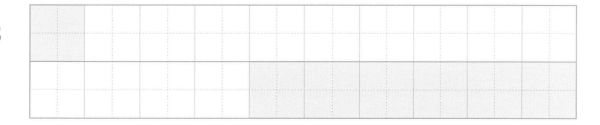

9

10

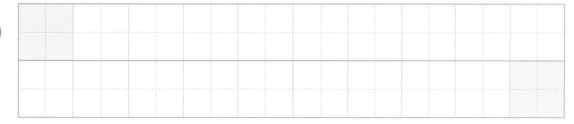

✅ 어려운 글자나 틀린 글자를 연습해요.

1-3 그림과 뜻을 보고, 바른 낱말을 골라 ✔표를 하세요.

1

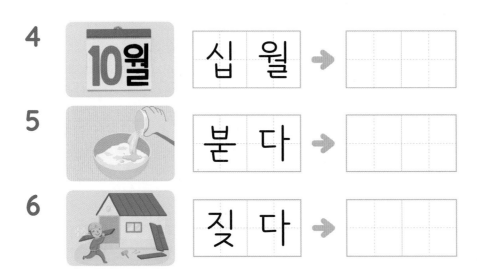

뜻 비뚤어지지 않고 똑바로.

- [ ] 반드시
- [ ] 반듯이
- [ ] 반듯시
- [ ] 반드씨

2

뜻 닳아서 떨어지다.

- [ ] 해어지다
- [ ] 혜어지다
- [ ] 헤어지다
- [ ] 해여지다

3

뜻 뒤를 따르거나 남아 있는 흔적을 따라가다.

- [ ] 좇다
- [ ] 쫓다
- [ ] 쫏다
- [ ] 쫃다

4-6 그림을 보고, 낱말을 바르게 고쳐 쓰세요.

4 십 월 ➡

5 붇 다 ➡

6 짖 다 ➡

7-9 빈칸에 들어갈 바른 낱말을 골라 선으로 이으세요.

7

힘이 (   ).

- 쎄다
- 새다
- 세다

8

엄마가 심부름을 (   ).

- 식히다
- 시키다
- 식키다

9

아버지가 아이를 (   ).

- 없다
- 엎다
- 업다

10-12 바른 낱말을 골라 ✔표를 하세요.

10 누나 생일은 ☐ 유월   ☐ 육월   에 있지?

11 이 연못은 보기보다 매우 ☐ 얕다.   ☐ 얇다.

12 우리 조금 ☐ 이따가   ☐ 있다가   놀이터에서 만나자.

13 대화에서 빈칸에 들어갈 바른 낱말을 골라 ✔표를 하세요.

> 도현: 지난번에 빌린 연필을 (   ). 정말 미안해.
> 지오: 똑같은 연필이 하나 더 있어서 괜찮아.

☐ 잊어버렸어

☐ 잃어버렸어

14-16 **보기** 에서 바른 낱말을 골라 빈칸에 쓰세요.

보기
앉다 | 안다   한창 | 한참   저리다 | 절이다

14 새로 산 의자에 ☐☐☐ .

15 공연이 시작된 지 ☐☐☐ 지났다.

16 무릎을 오래 꿇고 있었더니 다리가 ☐☐☐☐☐ .

17-19 밑줄 친 낱말을 바르게 고쳐 쓰세요.

17 마당에 떨어진 낙엽을 <u>썰다</u>. → ☐☐☐

18 친구에게 편지를 <u>붙이다</u>. → ☐☐☐☐

19 <u>어느세</u> 겨울이 왔다. → ☐☐☐

20 다음 중 바르게 쓴 문장은 어느 것인가요? [✎   ]

① 내 가방은 <u>노랑색</u>이다.

② <u>열쇠</u>로 방문을 잠갔다.

③ <u>앎</u>이 주는 기쁨은 말로 표현할 수 없다.

21-22 그림을 보고, 바른 문장을 골라 ✔표를 하세요.

21

[ ] 산꼭대기에 <u>이루다</u>.

[ ] 산꼭대기에 <u>이르다</u>.

22

[ ] 형은 잘난 <u>채</u>가 심하다.

[ ] 형은 잘난 <u>체</u>가 심하다.

23-25 맞춤법에 맞게 쓴 낱말을 골라 빈칸에 쓰세요.

23

된다

됀다

나는 곧 열 살이 [   ].

24

적어서

작아서

글씨가 너무 [   ] 안 보인다.

25

여의었다

여위었다

오랫동안 아파서 몸이 [   ].

1-3 그림과 뜻을 보고, 바른 낱말을 골라 ✓표를 하세요.

1

뜻 물에 젖어서 부피가 커지고 겉이 무르게 되다.

- [ ] 붓다
- [ ] 붇다
- [ ] 붙다
- [ ] 붖다

2

뜻 개가 시끄럽고 크게 소리를 내다.

- [ ] 짙다
- [ ] 짓다
- [ ] 짖다
- [ ] 짔다

3

뜻 두께가 두껍지 아니하다.

- [ ] 얍다
- [ ] 얄다
- [ ] 얇다
- [ ] 얕다

4-6 그림을 보고, 낱말을 바르게 고쳐 쓰세요.

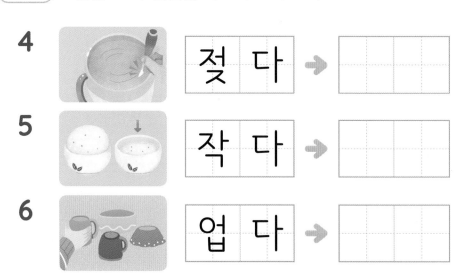

4 젖 다 ➡

5 작 다 ➡

6 입 다 ➡

7-9 빈칸에 들어갈 바른 낱말을 골라 선으로 이으세요.

7

꿈을 (   ).

- 이루다
- 이르다
- 일르다

8

(   )을 살다.

- 삼
- 삵
- 살

9

친구와의 약속을 (   ).

- 잊어버리다
- 잃어버리다
- 잇어버리다

10-12 바른 낱말을 골라 ✔표를 하세요.

10 실내화를 물에 ☐ 담겄다. ☐ 담갔다.

11 할아버지, 내일 ☐ 봬어요. ☐ 뵈어요.

12 뜨거운 물을 호호 불어 ☐ 식히다. ☐ 시키다.

13 대화에서 빈칸에 들어갈 바른 낱말을 골라 ✔표를 하세요.

민주: 제주도 여행 어땠어?
기영: 날씨가 얼마나 (   ) 돌아다니기 힘들었어.

☐ 덥든지
☐ 덥던지

101

14-16 보기에서 바른 낱말을 골라 빈칸에 쓰세요.

> **보기**
> 세다 | 새다   넘어 | 너머   부치다 | 붙이다

14 물병이 깨져 물이 ☐☐.

15 가족사진을 벽에 ☐☐☐.

16 울타리 ☐☐☐ 로 큰 개가 보인다.

17-19 밑줄 친 낱말을 바르게 고쳐 쓰세요.

17
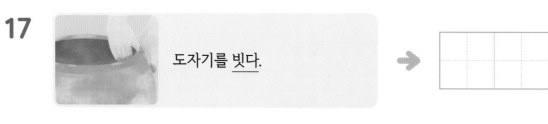 도자기를 빗<u>다</u>. ➡ ☐☐

18
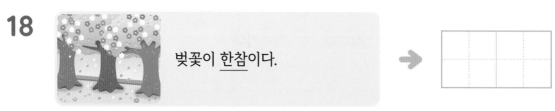 벚꽃이 <u>한참</u>이다. ➡ ☐☐

19
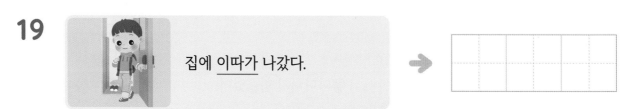 집에 <u>이따가</u> 나갔다. ➡ ☐☐☐

20 다음 중 바르게 쓴 문장은 어느 것인가요?　[✏️　]

① 오늘은 비가 <u>않</u> 온다.
② 수업이 끝나고 친구들과 <u>헤어졌다</u>.
③ 올해는 <u>반드시</u> 자전거 타는 법을 배울 거야.

21-22 그림을 보고, 바른 문장을 골라 ✔표를 하세요.

21

　☐ 공부를 <u>하든지</u> <u>놀든지</u> 해야지.

　☐ 공부를 <u>하던지</u> <u>놀던지</u> 해야지.

22

　☐ 반 대표<u>로서</u> 회의에 참석했다.

　☐ 반 대표<u>로써</u> 회의에 참석했다.

23-25 바른 낱말을 골라 빈칸에 쓰세요.

23
썰다
쓸다
　김밥을 두껍게  .

24
저렸다
절였다
　배추를 소금에  .

25
요새
요세
　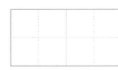 즐거운 일이 많이 생긴다.

정답

완자 공부력 가이드

완자 공부력 시리즈는
앞으로도 계속 출간될 예정입니다.

국어 맞춤법 바로 쓰기
1~2학년용
4책

쓰기력

전과목 어휘
1~6학년용
12책

전과목 한자 어휘
1~6학년용
12책

영어 파닉스
1~2학년용
2책

영어 영단어
3~6학년용
8책

어휘력

국어 독해
1~6학년용
12책

한국사 독해 인물편
3~6학년용
4책

한국사 독해 시대편
3~6학년용
4책

독해력

수학 계산
1~6학년용
12책

계산력

완자 공부력 시리즈로 공부 근육을 키워요!

매일 성장하는
초등 자기개발서
완자
공부력

학습의 기초가 되는 읽기, 쓰기, 셈하기와 관련된
공부력을 키워야 여러 교과를 터득하기 쉬워집니다.
또한 어휘력과 독해력, 쓰기력, 계산력을 바탕으로 한
'공부력'은 자기주도 학습으로 상당한 단계까지 올라갈 수
있는 밑바탕이 되어 줍니다. 그래서 매일 꾸준한 학습이
가능한 '**완자 공부력 시리즈**'로 공부하면 **자기주도 학습이**
가능한 튼튼한 공부 근육을 키울 수 있을 것이라 확신합니다.

효과적인 공부력 강화 계획을 세워요!

○ 학년별 공부 계획
내 학년에 맞게 꾸준하게 공부 계획을 세워요!

		1-2학년	3-4학년	5-6학년
기본	독해	국어 독해 1A 1B 2A 2B	국어 독해 3A 3B 4A 4B	국어 독해 5A 5B 6A 6B
	계산	수학 계산 1A 1B 2A 2B	수학 계산 3A 3B 4A 4B	수학 계산 5A 5B 6A 6B
	어휘	전과목 어휘 1A 1B 2A 2B	전과목 어휘 3A 3B 4A 4B	전과목 어휘 5A 5B 6A 6B
		파닉스 1 2	영단어 3A 3B 4A 4B	영단어 5A 5B 6A 6B
확장	어휘	전과목 한자 어휘 1A 1B 2A 2B	전과목 한자 어휘 3A 3B 4A 4B	전과목 한자 어휘 5A 5B 6A 6B
	쓰기	맞춤법 바로 쓰기 1A 1B 2A 2B		
	독해		한국사 독해 인물편 1 2 3 4 한국사 독해 시대편 1 2 3 4	

○ 시기별 공부 계획

학기 중에는 **기본**, 방학 중에는 **기본 + 확장**으로 공부 계획을 세워요!

방학 중			
학기 중			
기본			확장
독해	계산	어휘	어휘, 쓰기, 독해
국어 독해	수학 계산	전과목 어휘 파닉스(1~2학년) 영단어(3~6학년)	전과목 한자 어휘 맞춤법 바로 쓰기(1~2학년) 한국사 독해(3~6학년)

예시 **초1 학기 중 공부 계획표** 주 5일 하루 3과목 (45분)

월	화	수	목	금
국어 독해	국어 독해	국어 독해	국어 독해	국어 독해
수학 계산	수학 계산	수학 계산	수학 계산	수학 계산
전과목 어휘	파닉스	전과목 어휘	전과목 어휘	파닉스

예시 **초4 방학 중 공부 계획표** 주 5일 하루 4과목 (60분)

월	화	수	목	금
국어 독해	국어 독해	국어 독해	국어 독해	국어 독해
수학 계산	수학 계산	수학 계산	수학 계산	수학 계산
전과목 어휘	영단어	전과목 어휘	전과목 어휘	영단어
한국사 독해 인물편	전과목 한자 어휘	한국사 독해 인물편	전과목 한자 어휘	한국사 독해 인물편

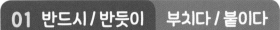

01 반드시 / 반듯이   부치다 / 붙이다

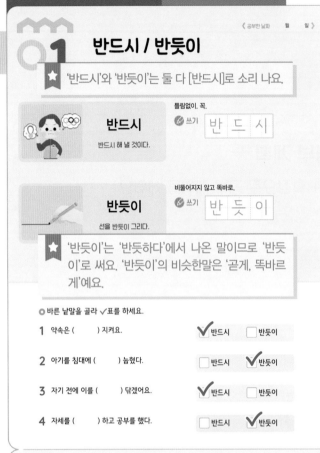

《공부한 날짜   월   일 》

01 반드시 / 반듯이

⭐ '반드시'와 '반듯이'는 둘 다 [반드시]로 소리 나요.

반드시
틀림없이. 꼭.
반드시 해 낼 것이다.
✏️ 쓰기 | 반 | 드 | 시 |

반듯이
비뚤어지지 않고 똑바로.
선을 반듯이 그리다.
✏️ 쓰기 | 반 | 듯 | 이 |

⭐ '반듯이'는 '반듯하다'에서 나온 말이므로 '반듯이'로 써요. '반듯이'의 비슷한말은 '곧게, 똑바르게'예요.

◎ 바른 낱말을 골라 ✔표를 하세요.

1 약속은 (　) 지켜요.　　✔반드시　☐반듯이

2 아기를 침대에 (　) 눕혔다.　☐반드시　✔반듯이

3 자기 전에 이를 (　) 닦겠어요.　✔반드시　☐반듯이

4 자세를 (　) 하고 공부를 했다.　☐반드시　✔반듯이

◎ 그림을 보고, 바른 낱말을 골라 문장을 완성하세요.

⭐ 코칭 Tip

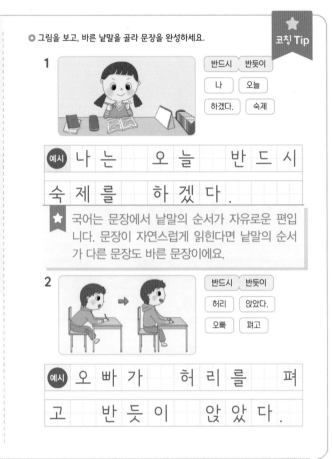

1
반드시 | 반듯이
나 | 오늘
하겠다. | 숙제

예시 | 나 | 는 |　| 오 | 늘 |　| 반 | 드 | 시 |
| 숙 | 제 | 를 |　| 하 | 겠 | 다 | . |

⭐ 국어는 문장에서 낱말의 순서가 자유로운 편입니다. 문장이 자연스럽게 읽힌다면 낱말의 순서가 다른 문장도 바른 문장이에요.

2
반드시 | 반듯이
허리 | 앉았다.
오빠 | 펴고

예시 | 오 | 빠 | 가 |　| 허 | 리 | 를 |　| 펴 |
| 고 |　| 반 | 듯 | 이 |　| 앉 | 았 | 다 | . |

부치다 / 붙이다

⭐ '부치다'와 '붙이다'는 둘 다 [부치다]로 소리 나요.

부치다
누구에게 편지나 물건 등을 우편이나 운송 수단에 맡겨 보내다.
친구에게 편지를 부치다.
✏️ 쓰기 | 부 | 치 | 다 |

⭐ '부치다'의 비슷한말은 '보내다'예요.

붙이다
풀 등이 떨어지지 않게 하다.
상처에 반창고를 붙이다.
✏️ 쓰기 | 붙 | 이 | 다 |

【 **눈으로** 확인해요 】

◎ 바른 낱말을 골라 ✔표를 하세요.

1 친구에게 편지를 (　).　✔부치다　☐붙이다

2 메모지를 책상에 (　).　☐부치다　✔붙이다

3 편지 봉투에 우표를 (　).　☐부쳐요　✔붙여요

4 엄마가 형에게 용돈을 (　).　✔부쳤다　☐붙였다

⭐ '붙이다'는 '붙다'에서 나온 말이므로 '붙여, 붙이니, 붙이고'로 써요.

◎ 그림을 보고, 바른 낱말을 골라 문장을 완성하세요.

1

부쳐요. | 붙여요.
그림 | 풀
벽 | 발라

예시 | 그 | 림 | 에 |　| 풀 | 을 |　| 발 | 라 |
| 벽 | 에 |　| 붙 | 여 | 요 | . |

2

부쳤다. | 붙였다.
우체국 | 외국
친구 | 선물 | 사는

예시 | 우 | 체 | 국 | 에 | 서 |　| 외 | 국 | 에 |
| 사 | 는 |　| 친 | 구 | 에 | 게 |　| 선 | 물 |
| 을 |　| 부 | 쳤 | 다 | . |

붓다 / 붇다

⟨ 공부한 날짜 월   일 ⟩

★ '붓다'와 '붇다'는 둘 다 [붇:따]로 소리 나요.

붓다
밀가루에 물을 붓다.

어디에 액체나 가루를 쏟아 넣다.

✐ 쓰기 | 붓 | 다 |

붇다
라면이 붇다.

물에 젖어서 부피가 커지고 겉이 무르게 되다.

✐ 쓰기 | 붇 | 다 |

★ '붓다'의 비슷한말은 '따르다, 쏟다'이고, '붇다'의 비슷한말은 '퍼지다'예요.

눈으로 확인해요

◎ 바른 낱말을 골라 ✓표를 하세요.

1 쌀통에 쌀을 (   ). ✓붓다 ☐붇다

2 물에 담근 콩이 (   ). ☐붓다 ✓붇다

3 화분에 흙을 가득 (   ). ✓부었다 ☐불었다

4 마른 미역이 물에 (   ) 커졌다. ☐부어 ✓불어

★ '붓다'는 '부어'처럼 'ㅅ' 받침이 없이 쓰기도 해요. '붇다'는 '불어'처럼 'ㄷ' 받침이 'ㄹ'로 바뀌어 쓰기도 해요.

빗다 / 빚다

★ '빗다'와 '빚다'는 둘 다 [빋따]로 소리 나요.

빗다
머리를 빗다.

빗으로 머리털을 가지런히 다듬다.

✐ 쓰기 | 빗 | 다 |

빚다
도자기를 빚다.

떡이나 도자기 등의 반죽을 손으로 다듬어 만들다.

✐ 쓰기 | 빚 | 다 |

눈으로 확인해요

◎ 바른 낱말을 골라 ✓표를 하세요.

1 추석에 송편을 (   ). ☐빗다 ✓빚다

2 엉킨 머리를 빗으로 (   ). ✓빗다 ☐빚다

3 강아지의 털을 (   ) 주었어요. ✓빗어 ☐빚어

4 흙으로 (   ) 도자기를 구경했다. ☐빗은 ✓빚은

◎ 그림을 보고, 바른 낱말을 골라 문장을 완성하세요.

14쪽 / 15쪽

1

부어	불어
국수	퉁퉁
없다.	맛

예시 | 국 | 수 | 가 | | 퉁 | 퉁 | | 불 | 어 |

| 맛 | 이 | | 없 | 다 | . |

2

붓고	붇고
냄비	물
끓였다.	된장국

예시 | 냄 | 비 | 에 | | 물 | 을 | | 붓 | 고 |

| 된 | 장 | 국 | 을 | | 끓 | 였 | 다 | . |

◎ 그림을 보고, 바른 낱말을 골라 문장을 완성하세요.

16쪽 / 17쪽

1

빗는다.	빚는다.
아이	함께
엄마	그릇

예시 | 아 | 이 | 와 | | 엄 | 마 | 가 | | 함 |

| 께 | | 그 | 릇 | 을 | | 빚 | 는 | 다 | . |

2

빗고	빚고
단정하게	학교
머리	갔다.

예시 | 머 | 리 | 를 | | 단 | 정 | 하 | 게 |

| 빗 | 고 | | 학 | 교 | 에 | | 갔 | 다 | . |

앉다 / 안다

《 공부한 날짜　월　일 》

★ '앉다'는 [안따], '안다'는 [안:따]로 소리 나요.

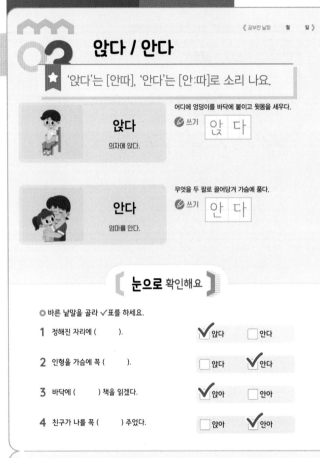

앉다
의자에 앉다.

어디에 엉덩이를 바닥에 붙이고 윗몸을 세우다.

✏️ 쓰기　앉 다

안다
엄마를 안다.

무엇을 두 팔로 끌어당겨 가슴에 품다.

✏️ 쓰기　안 다

눈으로 확인해요

◎ 바른 낱말을 골라 ✓표를 하세요.

1 정해진 자리에 (　　). ✓앉다 ☐안다

2 인형을 가슴에 꼭 (　　). ☐앉다 ✓안다

3 바닥에 (　　) 책을 읽겠다. ✓앉아 ☐안아

4 친구가 나를 꼭 (　　) 주었다. ☐앉아 ✓안아

◎ 그림을 보고, 바른 낱말을 골라 문장을 완성하세요.

1

앉았다.　안았다.
동생　다정하게
강아지

예시 | 동 | 생 | 이 | | 강 | 아 | 지 | 를 |
| 다 | 정 | 하 | 게 | | 안 | 았 | 다 | . |

2

앉아서　안아서
소파　언니
본다.　텔레비전

예시 | 언 | 니 | 가 | | 소 | 파 | 에 | | 앉 |
| 아 | 서 | | 텔 | 레 | 비 | 전 | 을 | | 본 |
| 다 | . |

업다 / 엎다

★ '업다'와 '엎다'는 둘 다 [업따]로 소리 나요.

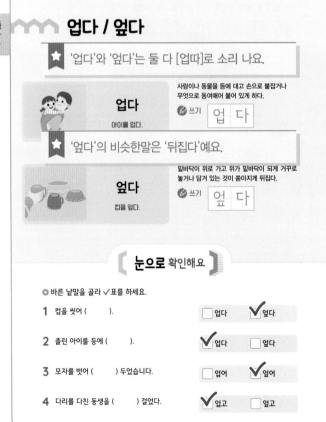

업다
아이를 업다.

사람이나 동물을 등에 대고 손으로 붙잡거나 무엇으로 동여매어 붙어 있게 하다.

✏️ 쓰기　업 다

★ '엎다'의 비슷한말은 '뒤집다'예요.

엎다
컵을 엎다.

밑바닥이 위로 가고 위가 밑바닥이 되게 거꾸로 놓거나 담겨 있는 것이 쏟아지게 뒤집다.

✏️ 쓰기　엎 다

눈으로 확인해요

◎ 바른 낱말을 골라 ✓표를 하세요.

1 컵을 씻어 (　　). ☐업다 ✓엎다

2 졸린 아이를 등에 (　　). ✓업다 ☐엎다

3 모자를 벗어 (　　) 두었습니다. ☐업어 ✓엎어

4 다리를 다친 동생을 (　　) 걸었다. ✓업고 ☐엎고

◎ 그림을 보고, 바른 낱말을 골라 문장을 완성하세요.

1

업어서　엎어서
컵　아기
쏟아졌다.　물

예시 | 아 | 기 | 가 | | 컵 | 을 | | 엎 | 어 |
| 서 | | 물 | 이 | | 쏟 | 아 | 졌 | 다 | . |

2

업고　엎고
소방관　병원
환자　달려갔다.

예시 | 소 | 방 | 관 | 이 | | 환 | 자 | 를 |
| 업 | 고 | | 병 | 원 | 으 | 로 | | 달 | 려 |
| 갔 | 다 | . |

식히다 / 시키다

《 공부한 날짜　월　일 》

★ '식히다'와 '시키다'는 둘 다 [시키다]로 소리 나요.

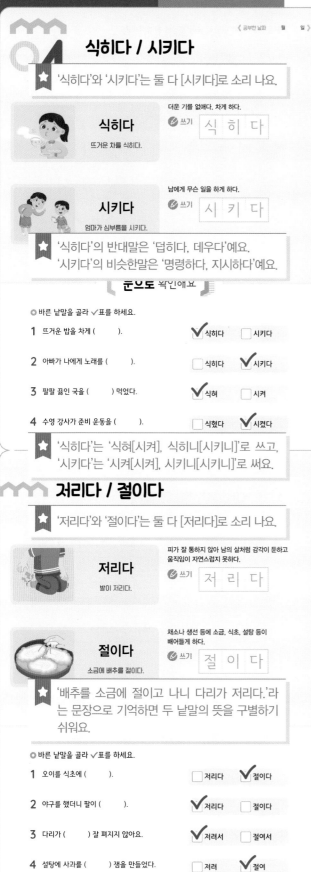

식히다
뜨거운 차를 식히다.

더운 기를 없애다. 차게 하다.

✍ 쓰기 | 식 | 히 | 다 |

시키다
엄마가 심부름을 시키다.

남에게 무슨 일을 하게 하다.

✍ 쓰기 | 시 | 키 | 다 |

★ '식히다'의 반대말은 '덥히다, 데우다'예요.
'시키다'의 비슷한말은 '명령하다, 지시하다'예요.

문으도 꼭인해요

◎ 바른 낱말을 골라 ✓표를 하세요.

1 뜨거운 밥을 차게 (　　). 　✓식히다　☐시키다

2 아빠가 나에게 노래를 (　　). 　☐식히다　✓시키다

3 팔팔 끓인 국을 (　　) 먹었다. 　✓식혀　☐시켜

4 수영 강사가 준비 운동을 (　　). 　☐식혔다　✓시켰다

★ '식히다'는 '식혀[시켜], 식히니[시키니]'로 쓰고,
'시키다'는 '시켜[시켜], 시키니[시키니]'로 써요.

저리다 / 절이다

★ '저리다'와 '절이다'는 둘 다 [저리다]로 소리 나요.

저리다
발이 저리다.

피가 잘 통하지 않아 남의 살처럼 감각이 둔하고 움직임이 자연스럽지 못하다.

✍ 쓰기 | 저 | 리 | 다 |

절이다
소금에 배추를 절이다.

채소나 생선 등에 소금, 식초, 설탕 등이 배어들게 하다.

✍ 쓰기 | 절 | 이 | 다 |

★ '배추를 소금에 절이고 나니 다리가 저리다.'라는 문장으로 기억하면 두 낱말의 뜻을 구별하기 쉬워요.

◎ 바른 낱말을 골라 ✓표를 하세요.

1 오이를 식초에 (　　). 　☐저리다　✓절이다

2 야구를 했더니 팔이 (　　). 　✓저리다　☐절이다

3 다리가 (　　) 잘 펴지지 않아요. 　✓저려서　☐절여서

4 설탕에 사과를 (　　) 잼을 만들었다. 　☐저려　✓절여

◎ 그림을 보고, 바른 낱말을 골라 문장을 완성하세요.

22쪽
23쪽

1

식히자.　시키자.
물놀이　더위　하며

예시 | 물 | 놀 | 이 | 를 | | 하 | 며 | | 더 |
| 위 | 를 | | 식 | 히 | 자 | . |

2

식히셨다.　시키셨다.
선생님　학생들
청소　교실

예시 | 선 | 생 | 님 | 께 | 서 | | 학 | 생 | 들 |
| 에 | 게 | | 교 | 실 | | 청 | 소 | 를 |
| 시 | 키 | 셨 | 다 | . |

◎ 그림을 보고, 바른 낱말을 골라 문장을 완성하세요.

24쪽
25쪽

1

저린　절인
나　소금
좋아한다.　고등어

예시 | 나 | 는 | | 소 | 금 | 에 | | 절 | 인 |
| 고 | 등 | 어 | 를 | | 좋 | 아 | 한 | 다 | . |

2

저려요.　절여요.
다리　앉았더니
쪼그려

예시 | 쪼 | 그 | 려 | | 앉 | 았 | 더 | 니 |
| 다 | 리 | 가 | | 저 | 려 | 요 | . |

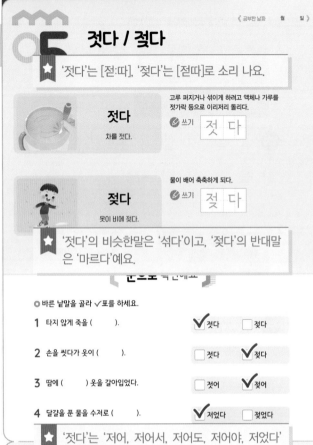

젓다 / 젖다

《공부한 날짜   월   일》

⭐ '젓다'는 [젇:따], '젖다'는 [젇따]로 소리 나요.

젓다
차를 젓다.

고루 퍼지거나 섞이게 하려고 액체나 가루를 젓가락 등으로 이리저리 돌리다.
✏ 쓰기 젓 다

젖다
옷이 비에 젖다.

물이 배어 축축하게 되다.
✏ 쓰기 젖 다

⭐ '젓다'의 비슷한말은 '섞다'이고, '젖다'의 반대말은 '마르다'예요.

◎ 바른 낱말을 골라 ✔표를 하세요.

1 타지 않게 죽을 (   ).   ✔젓다   ☐젖다

2 손을 씻다가 옷이 (   ).   ☐젓다   ✔젖다

3 땀에 (   ) 옷을 갈아입었다.   ☐젓어   ✔젖어

4 달걀을 푼 물을 수저로 (   ).   ✔저었다   ☐젖었다

⭐ '젓다'는 '저어, 저어서, 저어도, 저어야, 저었다'와 같이 받침 'ㅅ'이 없이 쓰기도 해요.

◎ 그림을 보고, 바른 낱말을 골라 문장을 완성하세요.

1

젓자   젖자
거품   비눗물
많이   생겼다.

예시 | 비 | 눗 | 물 | 을 | | 젓 | 자 | | 거 |
| 품 | 이 | | 많 | 이 | | 생 | 겼 | 다 | . |

2

젓었다.   젖었다.
빨래   마당   있던
비   내려서

예시 | 비 | 가 | | 내 | 려 | 서 | | 마 | 당 |
| 에 | | 있 | 던 | | 빨 | 래 | 가 | | 젖 |
| 었 | 다 | . |

짓다 / 짖다

⭐ '짓다'는 [짇:따], '짖다'는 [짇따]로 소리 나요.

짓다
집을 짓다.

재료를 써서 무엇을 만들다.
✏ 쓰기 짓 다

짖다
개가 짖다.

개가 시끄럽고 크게 소리를 내다.
✏ 쓰기 짖 다

⭐ '짓다'의 비슷한말은 '만들다'이고, '짖다'의 비슷한말은 '컹컹대다'예요.

◎ 바른 낱말을 골라 ✔표를 하세요.

1 개가 멍멍 (   ).   ☐짓다   ✔짖다

2 가족이 먹을 아침밥을 (   ).   ✔짓다   ☐짖다

3 강아지가 (   ) 소리가 들렸습니다.   ☐짓는   ✔짖는

4 생신 선물로 한복을 (   ) 선물했다.   ✔지어   ☐짖어

⭐ '짓다'는 '지으니, 지어, 지어서'와 같이 받침 'ㅅ' 없이 쓰기도 해요.

◎ 그림을 보고, 바른 낱말을 골라 문장을 완성하세요.

1

지었다.   짖었다.
제비   집
지붕   밑

예시 | 제 | 비 | 가 | | 지 | 붕 | | 밑 | 에 |
| 집 | 을 | | 지 | 었 | 다 | . |

2

짓는   짖는
깼다.   소리
잠   개

예시 | 개 | 가 | | 짖 | 는 | | 소 | 리 | 에 |
| 잠 | 이 | | 깼 | 다 | . |

26쪽 / 27쪽

28쪽 / 29쪽

◎ 바른 낱말을 골라 ✓표를 하세요.

1 ✓반드시 ☐반듯이 횡단보도로 길을 건너요.

2 우편으로 짐을 ✓부치려고 ☐붙이려고 한다.

3 엄마가 가습기에 물을 ✓붓는다. ☐붇는다.

4 흙을 ☐빗어 ✓빚어 꽃병을 만들었다.

5 엄마는 동생을 두 팔로 ☐앉았다. ✓안았다.

6 바구니를 ☐업으니 ✓엎으니 콩이 쏟아졌다.

7 뜨거운 우유를 차게 ✓식혀 ☐시켜 먹겠다.

8 배추를 소금에 ☐저려 ✓절여 김치를 만들었다.

9 겉옷이 비에 ☐젖어 ✓젖어 새 옷으로 갈아입었다.

10 이모가 고향에 큰 집을 ✓지었다. ☐짖었다.

◎ 밑줄 친 낱말을 바르게 고쳐 쓰세요.

11 모자를 비뚤게 쓰지 말고 <u>반드시</u> 써라. → 반듯이

12 냉장고에 사진을 <u>부치다</u>. → 붙이다

13 오래 끓여서 <u>부은</u> 라면은 맛이 없다. → 불은

14 긴 머리를 <u>빛어</u> 끈으로 묶었다. → 빗어

15 학생들은 모두 의자에 <u>안으세요</u>. → 앉으세요

16 엄마가 우는 아이를 <u>엎고</u> 달랬다. → 업고

17 선생님이 학생에게 줄넘기를 <u>식혔다</u>. → 시켰다

18 철봉에 오래 매달렸더니 팔이 <u>절이다</u>. → 저리다

19 밀가루에 설탕을 넣고 젓다. → 젓는다

20 옆집 강아지가 시끄럽게 <u>짖었다</u>. → 짖었다

30쪽 / 31쪽

◎ 불러 주는 말을 잘 듣고 맞춤법에 맞게 받아쓰세요.

1 땀에 젖은 바지

2 벽에 붙인 그림

3 흙으로 빚은 접시

4 소금에 절인 오이

5 방 청소를 시킨다.

6 우유에 꿀을 붓다.

7 벽돌로 집을 짓다.

8 강아지가 그릇을 엎었다.

9 아빠가 아이를 다정하게 안았다.

10 내일은 반드시 일찍 일어나야겠다.

32쪽 / 33쪽

✎ 어려운 글자나 틀린 글자를 연습해요.

07 세다 / 새다   썰다 / 쏠다

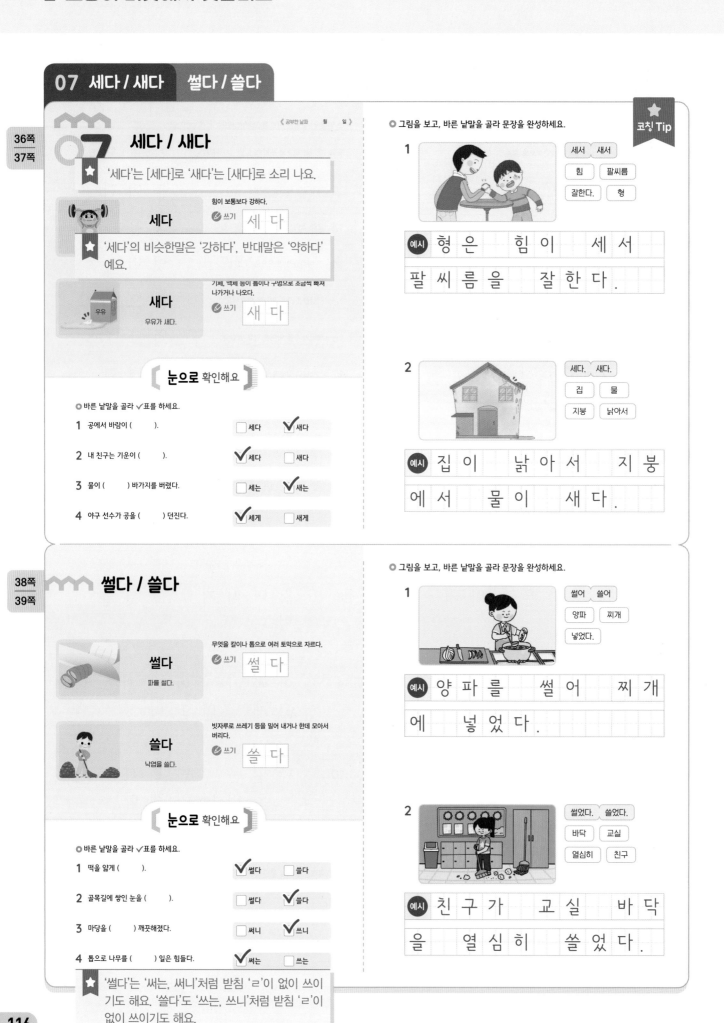

세다 / 새다

《공부한 날짜》   월   일

'세다'는 [세다]로 '새다'는 [새다]로 소리 나요.

세다
힘이 보통보다 강하다.
✎ 쓰기 세 다

'세다'의 비슷한말은 '강하다', 반대말은 '약하다'예요.

새다
기체, 액체 등이 틈이나 구멍으로 조금씩 빠져 나가거나 나오다.
우유가 새다.
✎ 쓰기 새 다

【 눈으로 확인해요 】

◎ 바른 낱말을 골라 ✓표를 하세요.

1 공에서 바람이 (   ).   ☐ 세다 ✓ 새다

2 내 친구는 기운이 (   ).   ✓ 세다 ☐ 새다

3 물이 (   ) 바가지를 버렸다.   ☐ 세는 ✓ 새는

4 야구 선수가 공을 (   ) 던진다.   ✓ 세게 ☐ 새게

◎ 그림을 보고, 바른 낱말을 골라 문장을 완성하세요.

★ 코칭 Tip

1
세서 새서
힘 팔씨름
잘한다. 형

예시 형 은 힘 이 세 서
팔 씨 름 을 잘 한 다 .

2
세다. 새다.
집 물
지붕 낡아서

예시 집 이 낡 아 서 지 붕
에 서 물 이 새 다 .

썰다 / 쏠다

썰다
무엇을 칼이나 톱으로 여러 토막으로 자르다.
파를 썰다.
✎ 쓰기 썰 다

쏠다
빗자루로 쓰레기 등을 밀어 내거나 한데 모아서 버리다.
낙엽을 쏠다.
✎ 쓰기 쏠 다

【 눈으로 확인해요 】

◎ 바른 낱말을 골라 ✓표를 하세요.

1 떡을 얇게 (   ).   ✓ 썰다 ☐ 쏠다

2 골목길에 쌓인 눈을 (   ).   ☐ 썰다 ✓ 쏠다

3 마당을 (   ) 깨끗해졌다.   ☐ 써니 ✓ 쓰니

4 톱으로 나무를 (   ) 일은 힘들다.   ✓ 써는 ☐ 쓰는

◎ 그림을 보고, 바른 낱말을 골라 문장을 완성하세요.

1
썰어 쏠어
양파 찌개
넣었다.

예시 양 파 를 썰 어 찌 개
에 넣 었 다 .

2
썰었다. 쏠었다.
바닥 교실
열심히 친구

예시 친 구 가 교 실 바 닥
을 열 심 히 쏠 었 다 .

★ '썰다'는 '써는, 써니'처럼 받침 'ㄹ'이 없이 쓰이기도 해요. '쏠다'도 '쓰는, 쓰니'처럼 받침 'ㄹ'이 없이 쓰이기도 해요.

얕다 / 얇다

《 공부한 날짜 월 일 》

⭐ '얕다'는 [얕따], '얇다'는 [얄ː따]로 소리 나요.

얕다
물이 얕다.

겉에서 속, 또는 밑에서 위까지의 길이가 짧다.
✏️ 쓰기 얕 다

얇다
이불이 얇다.

두께가 두껍지 아니하다.
✏️ 쓰기 얇 다

⭐ '얕다'의 반대말은 '깊다'이고, '얇다'의 반대말은 '두껍다'예요.

【 눈으로 확인해요 】

◎ 바른 낱말을 골라 ✓표를 하세요.

1 그 강은 깊이가 (   ). ☐ 얇다 ✓ 얕다

2 여름 옷은 매우 (   ). ✓ 얇다 ☐ 얕다

3 종이가 (   ) 잘 찢어진다. ✓ 얇아서 ☐ 얕아서

4 (   ) 산은 오르기 쉽습니다. ☐ 얇은 ✓ 얕은

◎ 그림을 보고, 바른 낱말을 골라 문장을 완성하세요.

40쪽
41쪽

1

얕은 얇은
두꺼운 사이 빵
치즈 있다.

예시 | 두 | 꺼 | 운 | | 빵 | | 사 | 이 | 에 |
| 얇 | 은 | | 치 | 즈 | 가 | | 있 | 다 | . |

2

얕아서 얇아서
고개 천장 들기
다락방 어렵다.

예시 | 다 | 락 | 방 | | 천 | 장 | 이 | | 얕 |
| 아 | 서 | | 고 | 개 | 를 | | 들 | 기 |
| 어 | 렵 | 다 | . |

이루다 / 이르다

이루다
꿈을 이루다.

뜻한 대로 되게 하다.
✏️ 쓰기 이 루 다

이르다
산꼭대기에 이르다.

어떤 장소나 시간에 닿다.
✏️ 쓰기 이 르 다

【 눈으로 확인해요 】

◎ 바른 낱말을 골라 ✓표를 하세요.

1 약속 장소에 (   ). ☐ 이루다 ✓ 이르다

2 드디어 목적을 (   ). ✓ 이루다 ☐ 이르다

3 내 뜻을 (   ) 말겠어. ✓ 이루고 ☐ 이르고

4 열두 시에 (   ) 집에 돌아왔다. ☐ 이루어 ✓ 이르러

◎ 그림을 보고, 바른 낱말을 골라 문장을 완성하세요.

42쪽
43쪽

1

이루기 이르기
노력했다.
위해 소원

예시 | 소 | 원 | 을 | | 이 | 루 | 기 | | 위 |
| 해 | | 노 | 력 | 했 | 다 | . |

2

이루었다. 이르렀다.
우리 가족 기차
타고 바다

예시 | 우 | 리 | | 가 | 족 | 은 | | | 기 | 차 |
| 를 | | 타 | 고 | | 바 | 다 | 에 | | 이 |
| 르 | 렀 | 다 | . |

44쪽
45쪽

잊어버리다 / 잃어버리다

⭐ '잊어버리다'는 [이저버리다], '잃어버리다'는 [이러버리다]로 소리 나요.

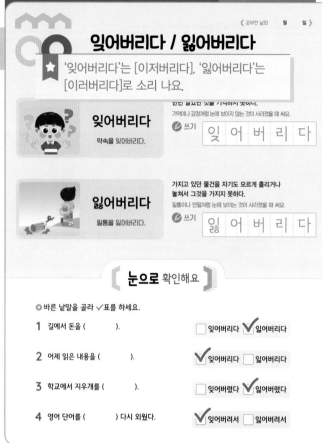

잊어버리다
약속을 잊어버리다.

한번 알았던 것을 기억하지 못하다.
기억이나 감정처럼 눈에 보이지 않는 것이 사라졌을 때 써요.
✎ 쓰기　잊 어 버 리 다

잃어버리다
필통을 잃어버리다.

가지고 있던 물건을 자기도 모르게 흘리거나 놓쳐서 그것을 가지지 못하다.
필통이나 연필처럼 눈에 보이는 것이 사라졌을 때 써요.
✎ 쓰기　잃 어 버 리 다

〔 눈으로 확인해요 〕

◎ 바른 낱말을 골라 ✓표를 하세요.

1 길에서 돈을 (　　). ☐ 잊어버리다 ✓ 잃어버리다

2 어제 읽은 내용을 (　　). ✓ 잊어버리다 ☐ 잃어버리다

3 학교에서 지우개를 (　　). ☐ 잊어버렸다 ✓ 잃어버렸다

4 영어 단어를 (　　) 다시 외웠다. ✓ 잊어버려서 ☐ 잃어버려서

◎ 그림을 보고, 바른 낱말을 골라 문장을 완성하세요.

1

음악실

잊어버렸다. | 잃어버렸다.
문 | 비밀번호
음악실

| 예시 | 음 | 악 | 실 | | 문 | | 비 | 밀 | 번 |
| 호 | 를 | | 잊 | 어 | 버 | 렸 | 다 | . | |

2

잊어버린 | 잃어버린
책상 | 찾았다.
색연필 | 밑

예시	책	상		밑	에	서		잃	어
버	린		색	연	필	을		찾	았
다	.								

46쪽
47쪽

작다 / 적다

⭐ '작다'는 [작따], '적다'는 [적따]로 소리 나요.

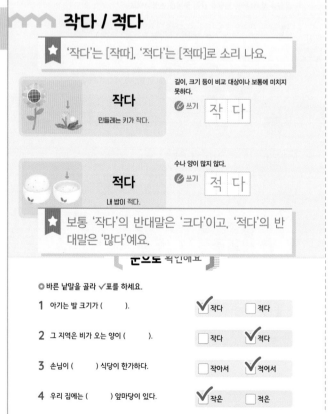

작다
민들레는 키가 작다.

길이, 크기 등이 비교 대상이나 보통에 미치지 못하다.
✎ 쓰기　작 다

적다
내 밥이 적다.

수나 양이 많지 않다.
✎ 쓰기　적 다

⭐ 보통 '작다'의 반대말은 '크다'이고, '적다'의 반대말은 '많다'예요.

〔 눈으로 확인해요 〕

◎ 바른 낱말을 골라 ✓표를 하세요.

1 아기는 발 크기가 (　　). ✓ 작다 ☐ 적다

2 그 지역은 비가 오는 양이 (　　). ☐ 작다 ✓ 적다

3 손님이 (　　) 식당이 한가하다. ☐ 작아서 ✓ 적어서

4 우리 집에는 (　　) 앞마당이 있다. ✓ 작은 ☐ 적은

◎ 그림을 보고, 바른 낱말을 골라 문장을 완성하세요.

1

작게 | 적게
언니 | 나
용돈 | 받는다.

| 예시 | 나 | 는 | | 언 | 니 | 보 | 다 | | 용 |
| 돈 | 을 | | 적 | 게 | | 받 | 는 | 다 | . |

2

작다. | 적다.
꼬리 | 귀
토끼 | 크지만

| 예시 | 토 | 끼 | 는 | | 귀 | 는 | | 크 | 지 |
| 만 | | 꼬 | 리 | 는 | | 작 | 다 | . | |

10 헤어지다 / 해어지다

《 공부한 날짜 》   월   일

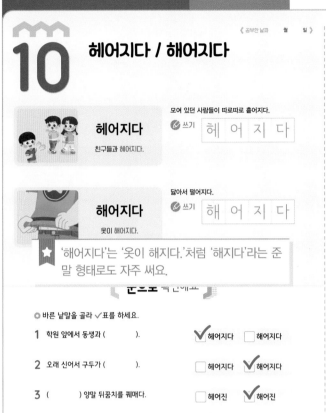

헤어지다

친구들과 헤어지다.

모여 있던 사람들이 따로따로 흩어지다.

✍ 쓰기 | 헤 | 어 | 지 | 다 |

해어지다

옷이 해어지다.

닳아서 떨어지다.

✍ 쓰기 | 해 | 어 | 지 | 다 |

★ '해어지다'는 '옷이 해지다.'처럼 '해지다'라는 준말 형태로도 자주 써요.

◎ 바른 낱말을 골라 ✓표를 하세요.

1 학원 앞에서 동생과 (   ).   ✓ 헤어지다   ☐ 해어지다

2 오래 신어서 구두가 (   ).   ☐ 헤어지다   ✓ 해어지다

3 (   ) 양말 뒤꿈치를 꿰매다.   ☐ 헤어진   ✓ 해어진

4 사이좋던 형제는 전쟁 중에 (   ).   ✓ 헤어졌다   ☐ 해어졌다

◎ 그림을 보고, 바른 낱말을 골라 문장을 완성하세요.

1

헤어졌다. 해어졌다.
끝나고 생일잔치
친구들

예시 | 생 | 일 | 잔 | 치 | 가 | | 끝 | 나 | 고 |
| 친 | 구 | 들 | 과 | | 헤 | 어 | 졌 | 다 | . |

2

헤어진 해어진
운동화 새 신발
샀다. 버리고

예시 | 해 | 어 | 진 | | 운 | 동 | 화 | 를 |
| 버 | 리 | 고 | | 새 | | 신 | 발 | 을 |
| 샀 | 다 | . |

48쪽 49쪽

한참 / 한창

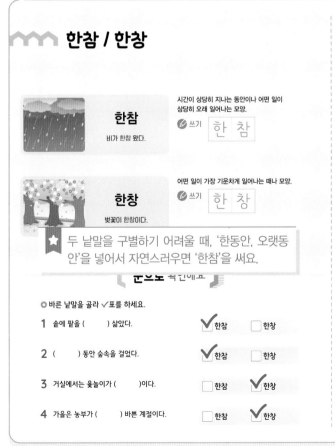

한참

비가 한참 왔다.

시간이 상당히 지나는 동안이나 어떤 일이 상당히 오래 일어나는 모양.

✍ 쓰기 | 한 | 참 |

한창

벚꽃이 한창이다.

어떤 일이 가장 기운차게 일어나는 때나 모양.

✍ 쓰기 | 한 | 창 |

★ 두 낱말을 구별하기 어려울 때, '한동안, 오랫동안'을 넣어서 자연스러우면 '한참'을 써요.

◎ 바른 낱말을 골라 ✓표를 하세요.

1 솥에 팥을 (   ) 삶았다.   ✓ 한참   ☐ 한창

2 (   ) 동안 숲속을 걸었다.   ✓ 한참   ☐ 한창

3 거실에서는 윷놀이가 (   )이다.   ☐ 한참   ✓ 한창

4 가을은 농부가 (   ) 바쁜 계절이다. ☐ 한참   ✓ 한창

◎ 그림을 보고, 바른 낱말을 골라 문장을 완성하세요.

1

한참이다. 한창이다.
학교 지금
운동회

예시 | 지 | 금 | | 학 | 교 | 에 | 서 | 는 |
| 운 | 동 | 회 | 가 | | 한 | 창 | 이 | 다 | . |

2

한참 한창
시간 지나 왔다.
친구 약속한

예시 | 약 | 속 | 한 | | 시 | 간 | 이 | | 한 |
| 참 | | 지 | 나 | | 친 | 구 | 가 | | 왔 |
| 다 | . |

50쪽 51쪽

52쪽
53쪽

11 체 / 채

《 공부한 날짜   월   일 》

체

형은 잘난 체가 심하다.

그럴듯하게 거짓으로 꾸미는 태도나 모양.

✏ 쓰기 | 잘 | 난 | 체 |

채

고개를 숙인 채 대답하다.

이미 있는 상태 그대로 있다는 뜻을 나타내는 말.

✏ 쓰기 | 숙 | 인 | 채 |

★ '체'와 비슷한말은 '척'이에요. '체'와 '채'는 앞말과는 띄어 써야 해요.

스스로 확인해요

◐ 바른 낱말을 골라 ✔표를 하세요.

1 동생을 등에 업은 (　　) 걸었다.　　□ 체　✔채

2 의자에 앉은 (　　)로 잠이 들었다.　　□ 체　✔채

3 쓰레기를 보고도 못 본 (　　)했다.　　✔체　□ 채

4 무릎이 아프지만 괜찮은 (　　)를 했다.　✔체　□ 채

◐ 그림을 보고, 바른 낱말을 골라 문장을 완성하세요.

1

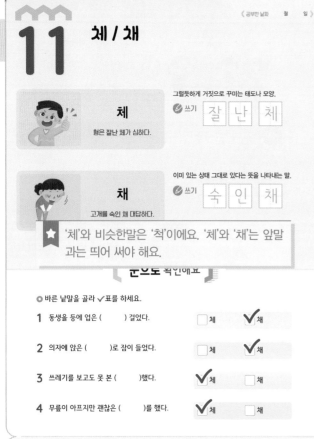

기댄 체	기댄 채
벽	기타
형	쳤다.

(예시) | 형 | 이 |　| 벽 | 에 |　| 기 | 댄 |
| 채 |　| 기 | 타 | 를 |　| 쳤 | 다 | . |

2

준호야!

들은 체도	들은 채도
이름	불러도
준호	하지 않았다.

(예시) | 준 | 호 | 는 |　| 이 | 름 | 을 |　| 불 |
| 러 | 도 |　| 들 | 은 |　| 체 | 도 |　| 하 |
| 지 |　| 않 | 았 | 다 | . |

54쪽
55쪽

되- / 돼 | 봬- / 봬

★ '되어'는 '되다'의 '되-'에 '-어'가 붙은 말이에요.

되어 → 돼

'돼'는 '되어'가 줄어든 말이에요. '되어'로 바꿀 수 있으면 '돼'로 쓰고, 바꿀 수 없으면 '되'로 써요.
되어요(○) → 돼요(○)　되어지(×) → 돼지(×)

✏ 쓰기 | 안 | 돼 | 요 |
| 되 | 지 |

봬어 → 봬

'봬'는 '뵈어'가 줄어든 말이에요. '뵈어'로 바꿀 수 있으면 '봬'로 쓰고, 바꿀 수 없으면 '뵈'로 써요.
뵈어요(○) → 봬요(○)　뵈어지(×) → 봬지(×)

✏ 쓰기 | 못 | 봬 | 요 |
| 뵈 | 지 |

★ '뵈어'는 '뵈다'의 '뵈-'에 '-어'가 붙은 말이에요. '뵈다'는 '아랫 사람이 웃어른을 마주하여 본다.'라는 뜻이에요.

◐ 바른 낱말을 골라 ✔표를 하세요.

1 내일 또 (　　).　　　　□ 뵈요　✔봬요

2 착한 사람이 (　　).　　□ 되라　✔돼라

3 선생님을 (　　) 왔어요.　✔뵈러　□ 봬러

4 나는 가수가 (　　) 행복하다.　✔되어　□ 돼어

◐ 그림을 보고, 바른 낱말을 골라 문장을 완성하세요.

1

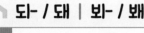

| 됬다. | 됐다. |
| 겨울 | 봄 |
| 지나고 |

(예시) | 겨 | 울 | 이 |　| 지 | 나 | 고 |　| 봄 |
| 이 |　| 됐 | 다 | . |

2

뵈어서	봬어서
할머니	얼굴
오랜만에	반가웠다.

(예시) | 할 | 머 | 니 |　| 얼 | 굴 | 을 |　| 오 |
| 랜 | 만 | 에 |　| 뵈 | 어 | 서 |　| 반 | 가 |
| 웠 | 다 | . |

◎ 바른 낱말을 골라 √표를 하세요.

1 방문을 ✔세게 ☐새게 닫았다.

2 집 앞에 쌓인 눈을 ☐썰었다. ✔쓸었다.

3 날씨가 더우니까 ☐얇은 ✔얇은 옷을 입을 거야.

4 여덟 시가 되어 목적지에 ☐이루었다. ✔이르렀다.

5 하루 종일 외운 노래 가사를 모두 ✔잊어버렸다. ☐잃어버렸다.

6 내 가방은 친구 가방보다 크기가 ✔작다. ☐적다.

7 이 옷은 낡아서 소매가 ☐헤어져 ✔해어져 있다.

8 들녘에서 가을걷이가 ☐한참이다. ✔한창이다.

9 그 사람은 아무것도 모르면서 똑똑한 ✔체를 ☐채를 한다.

10 너는 커서 무엇이 ✔되고 ☐돼고 싶니?

◎ 밑줄 친 낱말을 바르게 고쳐 쓰세요.

11 병에 구멍이 뚫려 음료수가 <u>셌다</u>. | 샜다

12 땔감으로 쓸 나무를 톱으로 <u>쓸었다</u>. | 썰었다

13 물이 <u>얕은</u> 개울을 건넜다. | 얕은

14 드디어 내 꿈을 <u>이르다</u>. | 이루다

15 도서관에서 빌린 책을 <u>잊어버렸다</u>. | 잃어버렸다

16 내 몫으로 받은 과자의 양이 <u>작다</u>. | 적다

17 우리는 지하철역 앞에서 <u>해어졌다</u>. | 헤어졌다

18 <u>한창</u>을 웃었더니 배가 아프다. | 한참

19 옷을 입은 <u>체</u>로 잤다. | 채

20 내일 아침에 <u>뵙겠습니다</u>. | 뵙겠습니다

56쪽
57쪽

◎ 불러 주는 말을 잘 듣고 맞춤법에 맞게 받아쓰세요.

1 축제가 한창이다.

2 보고도 못 본 체

3 떡을 썰어 먹었다.

4 동생은 키가 작다.

5 선생님을 곧 봬요.

6 얇은 이불을 덮다.

7 여기저기 해어진 옷

8 친구들과 한 약속을 잊어버렸다.

9 물통에서 물이 새서 옷이 젖었다.

10 두 시에 이르러서야 집에 도착했다.

58쪽
59쪽

◎ 어려운 글자나 틀린 글자를 연습해요.

13 여위다 / 여의다 　좇다 / 쫓다

62쪽 63쪽

《공부한 날짜　월　일》

13 여위다 / 여의다

여위다

강아지가 여위다.

살이 빠져서 마르고 양상하게 되다.

쓰기 | 여 | 위 | 다

★ '여의다'는 [여의다] 또는 [여이다]로 소리 나요.

여의다

아버지를 여의다.

죽어서 이별하다.

쓰기 | 여 | 의 | 다

★ '여위다'의 비슷한말은 '야위다'이고, '여의다'의 비슷한말은 '사별하다'예요.

눈으로 확인해요

○ 바른 낱말을 골라 ✓표를 하세요.

1 얼굴이 홀쭉하게 (　　). ✓여위다 □여의다

2 어릴 때 부모님을 (　　). □여위다 ✓여의다

3 어머니의 (　　) 손이 보였다. ✓여윈 □여읜

4 그녀는 젊어서 남편을 (　　). □여위었다 ✓여의었다

○ 그림을 보고, 바른 낱말을 골라 문장을 완성하세요.

코칭 Tip

1

여위었다. 여의었다. 심청이 어머니 어릴 때

예시 심청이는 어릴 때 어머니를 여의었다.

2

여위었다. 여의었다. 적게 말 먹이 먹어서

예시 말이 먹이를 적게 먹어서 여위었다.

64쪽 65쪽

좇다 / 쫓다

★ '좇다'는 [졷따]로, '쫓다'는 [쫃따]로 소리 나요.

좇다

축구 선수라는 꿈을 좇다.

목표, 꿈, 행복 등을 추구하거나 남의 말, 뜻을 따르다.

'좇다'는 주로 눈에 보이지 않는 것이 목적어가 돼요.

쓰기 | 좇 | 다

쫓다

사자가 사슴을 쫓다.

뒤를 따르거나 남아 있는 흔적을 따라가다.

'쫓다'는 주로 눈에 보이는 것이 목적어가 돼요.

쓰기 | 쫓 | 다

눈으로 확인해요

○ 바른 낱말을 골라 ✓표를 하세요.

1 경찰관이 도둑을 (　　). □좇다 ✓쫓다

2 부모님의 의견을 (　　). ✓좇다 □쫓다

3 행복을 (　　) 살고 싶다. ✓좇으며 □쫓으며

4 엄마 뒤를 (　　) 걸었습니다. □좇아 ✓쫓아

○ 그림을 보고, 바른 낱말을 골라 문장을 완성하세요.

1

좇아 쫓아 물놀이장 들어갔다. 친구

예시 친구를 쫓아 물놀이장으로 들어갔다.

2

좇아 쫓아 뜻 장군 시작했다. 병사들 훈련

예시 병사들은 장군의 뜻을 좇아 훈련을 시작했다.

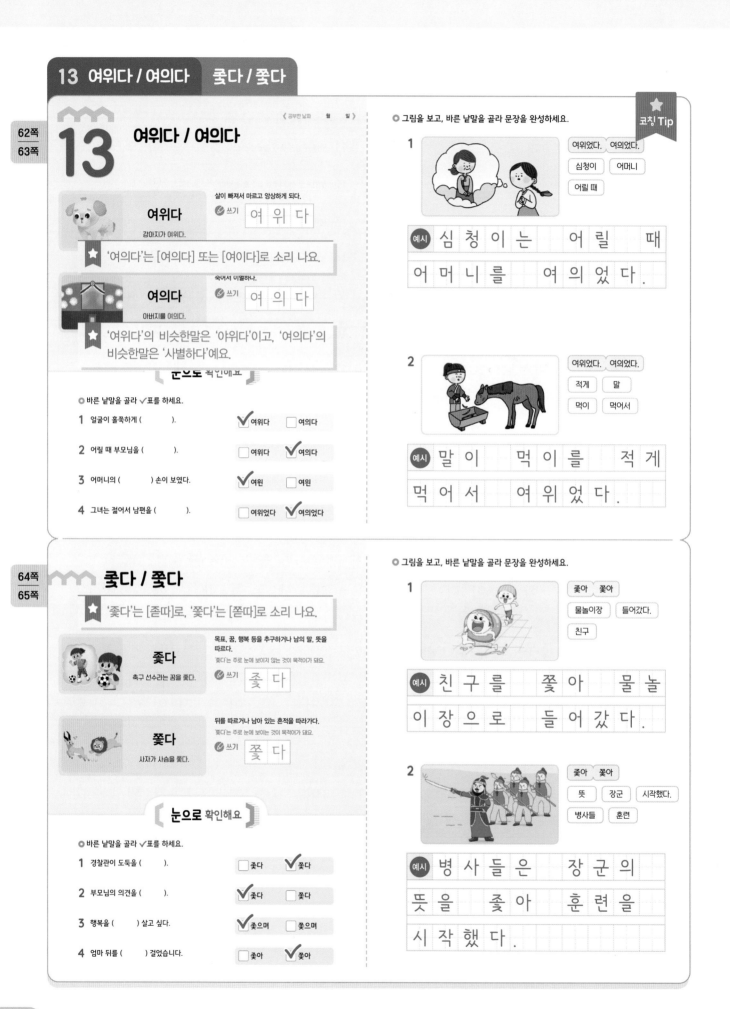

14 넘어/너머 -던지/-든지

14 넘어 / 너머

⟨ 공부한 날짜   월   일 ⟩

★ '넘어'와 '너머'는 둘 다 [너머]로 소리 나요.

넘어

산을 넘어 가자.

높은 곳이나 어떤 경계를 지나거나 건너.
'넘어'는 동작을 나타내는 말이에요.

✏️ 쓰기 | 넘 | 어 |

★ '넘어'는 '높은 부분의 위를 지나가다.'라는 뜻의 '넘다'에서 나온 말이에요.

너머

산 너머 마을이 있다.

너머는 공간이나 공간의 뒤쪽을 나타내는 말이에요.

✏️ 쓰기 | 너 | 머 |

【 눈으로 확인해요 】

◉ 바른 낱말을 골라 ✓표를 하세요.

1 언덕 (   )로 해가 진다. ☐ 넘어 ✓ 너머

2 도둑이 담을 (   ) 들어왔다. ✓ 넘어 ☐ 너머

3 고개를 (   ) 집에 돌아왔다. ✓ 넘어 ☐ 너머

4 창문 (   ) 파란 하늘이 보여요. ☐ 넘어 ✓ 너머

◉ 그림을 보고, 바른 낱말을 골라 문장을 완성하세요.

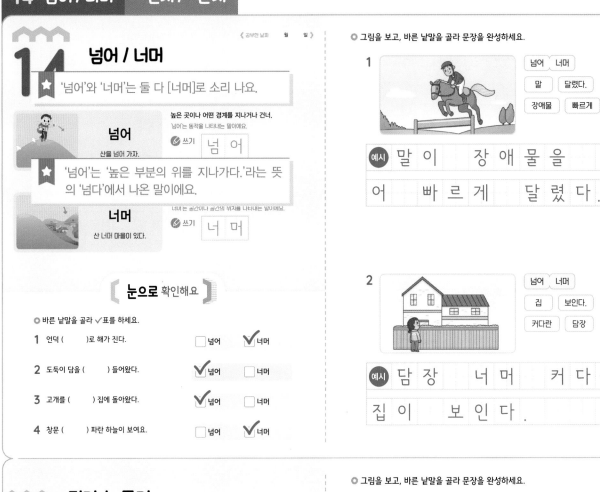

1   넘어 / 너머   말 / 달렸다.   장애물 / 빠르게

예시 | 말 | 이 | | 장 | 애 | 물 | 을 | | 넘 |
| 어 | | 빠 | 르 | 게 | | 달 | 렸 | 다 | . |

2   넘어 / 너머   집 / 보인다.   커다란 / 담장

예시 | 담 | 장 | | 너 | 머 | | 커 | 다 | 란 |
| 집 | 이 | | 보 | 인 | 다 | . |

66쪽
67쪽

-던지 / -든지

-던지

어제 얼마나 추웠던지 감기에 걸렸다.

과거의 행동에 대하여 생각하거나 추측할 때 쓰는 말.

✏️ 쓰기 | 추 | 웠 | 던 | 지 |

-든지

공부를 하든지 놀든지 해야지.

어느 것이든 선택될 수 있음을 나타내는 말.

✏️ 쓰기 | 놀 | 든 | 지 |

★ '-든지'는 '-든'으로 줄여서 쓰기도 해요.

【 눈으로 확인해요 】

◉ 바른 낱말을 골라 ✓표를 하세요.

1 가(   ) 말(   ) 마음대로 하렴. ☐ 던지 ✓ 든지

2 얼마나 떨렸(   ) 손에 땀이 가득 찼다. ✓ 던지 ☐ 든지

3 싫(   ) 좋(   ) 숙제를 해야 한다. ☐ 던지 ✓ 든지

4 어찌나 덥(   ) 아이스크림이 다 녹았다. ✓ 던지 ☐ 든지

◉ 그림을 보고, 바른 낱말을 골라 문장을 완성하세요.

1   울었던지 / 울었든지   퉁퉁 / 부었다.   얼마나 / 눈

예시 | 얼 | 마 | 나 | | 울 | 었 | 던 | 지 |
| 눈 | 이 | | 퉁 | 퉁 | | 부 | 었 | 다 | . |

2   치킨이든지 / 치킨이던지   피자든지 / 피자던지   주문하자 / 얼른

예시 | 치 | 킨 | 이 | 든 | 지 | | 피 | 자 | 든 |
| 지 | | 얼 | 른 | | 주 | 문 | 하 | 자 | . |

68쪽
69쪽

123

70쪽
71쪽

15 로서 / 로써

《 공부한 날짜   월   일 》

로서
반 대표로서 회의에 참석했다.

지위나 신분 또는 자격을 나타낼 때 쓰는 말.

✏ 쓰기 |대|표|로|서|

로써
쌀로써 떡을 만든다.

어떤 물건의 재료나 원료 또는 어떤 일의 수단이나 도구를 나타낼 때 쓰는 말.

✏ 쓰기 |쌀|로|써|

【 **눈으로** 확인해요 】

◉ 바른 낱말을 골라 ✓표를 하세요.

1 꿀(   ) 단맛을 냈다.   □로서 ✓로써

2 대화(   ) 오해를 풀었다.   □로서 ✓로써

3 친구(   ) 우정을 지킬 거야.   ✓로서 □로써

4 자식(   ) 부모님 말씀을 잘 듣는다.   ✓으로서 □으로써

★ 'ㄹ'받침을 제외하고 나머지 받침이 있는 말 뒤에는 '로서'가 아닌 '으로서'를 써요.

◉ 그림을 보고, 바른 낱말을 골라 문장을 완성하세요.

1

법으로서 법으로써
사건 판사
판결한다.

예시 |판|사|는| | |법|으|로|써|
|사|건|을| |판|결|한|다|.|

★ '판결하다'는 '재판에서 옳고 그름을 법률적으로 따져서 결정하다.'라는 뜻이에요.

2
경찰로서 경찰로써
잃은 아이
길 도왔다.

예시 |경|찰|로|서| |길|을| |잃|
|은| |아|이|를| |도|왔|다|.|

72쪽
73쪽

이따가 / 있다가

★ '이따가'는 [이따가], '있다가'는 [읻따가]로 소리 나요.

이따가
친구와 이따가 보기로 했다.

조금 시간 뒤에.
'이따가'는 시간과 관련해서 써요.

✏ 쓰기 |이|따|가|

있다가
집에 있다가 나갈게.

어디에 위치하거나 머물다가.
'있다가'는 특정 장소와 관련해서 써요.

✏ 쓰기 |있|다|가|

【 **눈으로** 확인해요 】

◉ 바른 낱말을 골라 ✓표를 하세요.

1 (   ) 비가 온대.   □있다가 ✓이따가

2 조금 (   ) 먹을게.   □있다가 ✓이따가

3 방에 (   ) 거실로 나갔다.   ✓있다가 □이따가

4 보건실에 (   ) 잠이 들었다.   ✓있다가 □이따가

◉ 그림을 보고, 바른 낱말을 골라 문장을 완성하세요.

1

있다가 이따가
수업 만나자.
끝나고

예시 |이|따|가| |수|업| |끝|나|
|고| |만|나|자|.|

2
있다가 이따가
갈게. 도서관
공원 나

예시 |나|는| |공|원|에| |있|다|
|가| |도|서|관|에| |갈|게|.|

◎ 바른 낱말을 골라 ✓표를 하세요.

1 누나의 얼굴이 점점 ✓여위어 □여의어 갔다.

2 표범이 토끼의 뒤를 □좇았다. ✓쫓았다.

3 그는 목표를 ✓좇아 □쫓아 열심히 운동했다.

4 배가 파도를 ✓넘어 □너머 나아갔다.

5 창문 □넘어 ✓너머 로 바다가 보인다.

6 □먹던지 ✓먹든지 □말던지 ✓말든지 네 마음대로 해.

7 첫 만남이 ✓쑥스러웠던지 □쑥스러웠든지 얼굴이 빨개졌다.

8 ✓학생으로서 □학생으로써 지켜야 할 규칙이 있다.

9 조금 ✓이따가 □있다가 놀이터 앞에서 만나자.

10 학교에 □이따가 ✓있다가 학원으로 갔어요.

◎ 밑줄 친 낱말을 바르게 고쳐 쓰세요.

74쪽 75쪽

11 할머니를 여위고 한참 동안 울었다. | 여 | 의 | 고 |

12 그 사람은 돈이 아닌 명예를 쫓았다. | 좇 | 았 | 다 |

13 엄마는 동생을 좇아 방으로 들어갔다. | 쫓 | 아 |

14 감나무 가지가 담 넘어로 뻗었다. | 너 | 머 |

15 높은 고개를 너머 마을로 내려갔다. | 넘 | 어 |

16 내가 가던지 네가 오던지 하자. | 든 | 지 |

17 문제가 얼마나 어렵든지 푸는 데 한참 걸렸다. | 던 | 지 |

18 콩으로서 메주를 만듭니다. | 으 | 로 | 써 |

19 대한민국 국민으로써 투표를 해야 한다. | 으 | 로 | 서 |

20 점심 먹고 있다가 이야기하자. | 이 | 따 | 가 |

◎ 불러 주는 말을 잘 듣고 맞춤법에 맞게 받아쓰세요.

76쪽 77쪽

1 산 너머 마을

2 쌀로써 만든 빵

3 바짝 여윈 강아지

4 새를 쫓는 사냥꾼

5 아버지를 여의었다.

6 친구로서 좋은 사람

7 방에 있다가 나와.

8 얼마나 춥던지 발이 얼었다.

9 며칠 아프더니 얼굴이 야위었구나.

10 책을 읽든지 운동을 하든지 해라.

◎ 어려운 글자나 틀린 글자를 연습해요.

125

17 담가 / 잠가 앎 / 삶

17 담가 / 잠가

《 공부한 날짜 월   일 》

담가
담거(×)
물에 손을 담가 보다.

액체 속에 넣음.

✎쓰기 담 가

잠가
잠거(×)
상자를 잠가 둠.

문 같은 것을 자물쇠 등으로 열리지 않게 함.

✎쓰기 잠 가

★ '담가'는 '담그-(다)'와 '-아'가 합쳐진 낱말이고, '잠가'는 '잠그-(다)'와 '-아'가 합쳐진 낱말이에요.

◎ 바른 낱말을 골라 ✔표를 하세요.

1 비가 오니 창문을 (   ) 둬. ☐잠거 ✔잠가

2 빨래를 비눗물에 (   ) 두다. ☐담거 ✔담가

3 나는 책상 서랍을 열쇠로 (   ). ☐잠겄다 ✔잠갔다

4 욕조에 따뜻한 물을 받아 몸을 (   ). ☐담겄다 ✔담갔다

◎ 그림을 보고, 바른 낱말을 골라 문장을 완성하세요.

★ 코칭 Tip

1 [담겄다.] [담갔다.]
[얼음물] [수박] [차가운]

예시 차 가 운   얼 음 물 에
수 박 을   담 갔 다 .

2 [잠갔다.] [잠겄다.]
[창고 문] [단단히]
[자물쇠] [엄마]

예시 엄 마 가   자 물 쇠 로
창 고   문 을   단 단 히
잠 갔 다 .

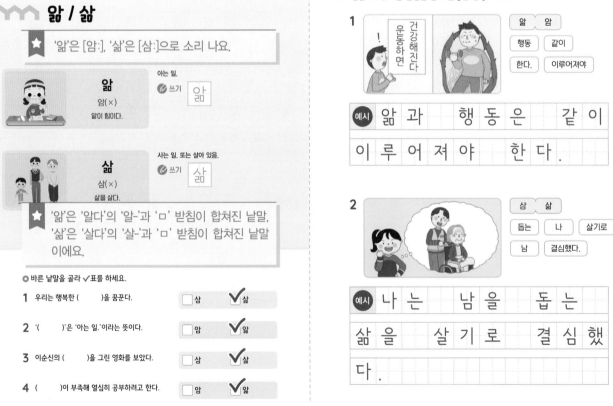

앎 / 삶

★ '앎'은 [암ː], '삶'은 [삼ː]으로 소리 나요.

앎
암(×)
앎이 힘이다.

아는 일.

✎쓰기 앎

삶
삼(×)
삶을 살다.

사는 일. 또는 살아 있음.

✎쓰기 삶

★ '앎'은 '알다'의 '알-'과 'ㅁ' 받침이 합쳐진 낱말, '삶'은 '살다'의 '살-'과 'ㅁ' 받침이 합쳐진 낱말이에요.

◎ 바른 낱말을 골라 ✔표를 하세요.

1 우리는 행복한 (   )을 꿈꾼다. ☐삼 ✔삶

2 '(   )'은 '아는 일.'이라는 뜻이다. ☐암 ✔앎

3 이순신의 (   )을 그린 영화를 보았다. ☐삼 ✔삶

4 (   )이 부족해 열심히 공부하려고 한다. ☐암 ✔앎

◎ 그림을 보고, 바른 낱말을 골라 문장을 완성하세요.

1 [앎] [암]
[행동] [같이]
[한다.] [이루어져야]

예시 앎 과   행 동 은   같 이
이 루 어 져 야   한 다 .

2 [삼] [삶]
[돕는] [나] [살기로]
[남] [결심했다.]

예시 나 는   남 을   돕 는
삶 을   살 기 로   결 심 했
다 .

18 요새 / 어느새

《 공부한 날짜 월   일 》

이제까지의 매우 짧은 동안.

요새
요세(×)
요새 너무 덥다.

✎ 쓰기 요 새

어느 틈에 벌써.

어느새
어느세(×)
어느새 겨울이 됐다.

✎ 쓰기 어 느 새

★ '요새'는 '요사이'가 줄어든 말, '어느새'는 '어느사이'가 줄어든 말이에요. '사이'가 줄어들어 '새'가 된다는 것을 기억해요.

◉ 바른 낱말을 골라 ✓표를 하세요.

1 나는 (   ) 그림을 그린다. ☐ 요세 ✓ 요새

2 (   ) 손톱이 길게 자랐다. ☐ 어느세 ✓ 어느새

3 (   ) 우유를 꼭 챙겨 마신다. ☐ 요세 ✓ 요새

4 무지개가 (   ) 사라져 버렸다. ☐ 어느세 ✓ 어느새

★ '그사이'가 줄어든 말인 '그새', '밤사이'가 줄어든 말인 '밤새'도 알아 둬요.

유월 / 시월

한 해 열두 달 가운데 여섯째 달.

유월
육월(×)
유월에는 현충일이 있다.

✎ 쓰기 유 월

한 해 열두 달 가운데 열째 달.

시월
십월(×)
시월에는 개천절이 있다.

✎ 쓰기 시 월

★ '유월(六月), 시월(十月)'은 원래 '육월'과 '십월'로 써야 하지만, '유월'과 '시월'이 소리 내기 쉽기 때문에 '유월'과 '시월'로 쓰게 됐어요.

◉ 바른 낱말을 골라 ✓표를 하세요.

1 올해 추석은 (   )에 있다. ✓ 시월 ☐ 십월

2 할머니 생신은 (   )에 있다. ✓ 유월 ☐ 육월

3 (   )이라 바람이 시원하다. ✓ 시월 ☐ 십월

4 우리 가족은 (   )에 캠핑을 간다. ✓ 유월 ☐ 육월

◉ 그림을 보고, 바른 낱말을 골라 문장을 완성하세요.

84쪽
85쪽

1

요세 요새
우리 줄넘기
열심히 한다.

예시 우 리 는 요 새 줄 넘
기 를 열 심 히 한 다.

2

어느새 어느세
동생 읽다가 잠
책 들었다.

예시 동 생 이 책 을 읽 다
가 어 느 새 잠 이 들
었 다.

◉ 그림을 보고, 바른 낱말을 골라 문장을 완성하세요.

86쪽
87쪽

1

유월 육월
물놀이 바닷가
갔다.

예시 유 월 에 바 닷 가 로
물 놀 이 를 갔 다.

2

시월 십월
매년 운동회 학교
우리 한다.

예시 우 리 학 교 는 매 년
시 월 에 운 동 회 를 한
다.

19 파란색 / 노란색

《공부한 날짜　월　일》

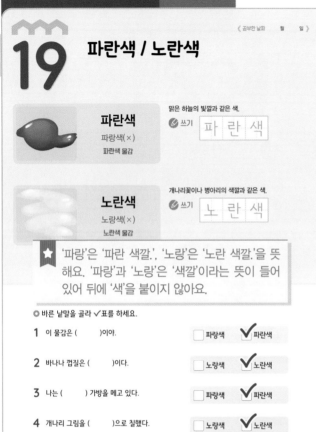

파란색
파랑색(×)
파란색 물감

맑은 하늘의 빛깔과 같은 색.
✎ 쓰기　파 란 색

노란색
노랑색(×)
노란색 물감

개나리꽃이나 병아리의 색깔과 같은 색.
✎ 쓰기　노 란 색

★ '파랑'은 '파란 색깔.', '노랑'은 '노란 색깔.'을 뜻해요. '파랑'과 '노랑'은 '색깔'이라는 뜻이 들어 있어 뒤에 '색'을 붙이지 않아요.

◎ 바른 낱말을 골라 ✔표를 하세요.

1 이 물감은 (　　)이야.　　☐ 파랑색　✔ 파란색

2 바나나 껍질은 (　　)이다.　　☐ 노랑색　✔ 노란색

3 나는 (　　) 가방을 메고 있다.　　☐ 파랑색　✔ 파란색

4 개나리 그림을 (　　)으로 칠했다.　　☐ 노랑색　✔ 노란색

◎ 그림을 보고, 바른 낱말을 골라 문장을 완성하세요.

1

파랑색　파란색
친구　입었다.　바지

예시　친 구 가　파 란 색　바
지 를　입 었 다 .

2

노랑색　노란색
되자　물들었다.
가을　은행잎

예시　가 을 이　되 자　은 행
잎 이　노 란 색 으 로　물
들 었 다 .

안 / 않-

★ '안'과 '않-'은 둘 다 [안]으로 소리 나요.

안
않(×)
채소를 안 먹다.

아니. 뒷말의 뜻을 부정하는 뜻을 나타내는 말.
'아니'와 바꾸어 쓰는 것이 자연스러우면 '안'을 써요.
✎ 쓰기　안 먹 다

않-
안-(×)
사탕을 먹지 않다.

아니하다. 앞말의 뜻을 부정하는 뜻을 나타내는 말.
'아니하-'로 바꾸어 쓰는 것이 자연스러우면 '않-'을 써요.
✎ 쓰기　먹 지 않 다

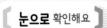
눈으로 확인해요

◎ 바른 낱말을 골라 ✔표를 하세요.

1 아직까지 숙제를 (　　) 했다.　　✔ 안　☐ 않

2 나는 숙제를 하고 싶지 (　　).　　☐ 안다　✔ 않다

3 누나는 잠도 (　　) 자고 공부했다.　　✔ 안　☐ 않

4 누나가 잠을 자지 (　　) 공부했다.　　☐ 안고　✔ 않고

◎ 그림을 보고, 바른 낱말을 골라 문장을 완성하세요.

1

않　안
함부로　건너면
찻길　된다.

예시　찻 길 을　함 부 로　건
너 면　안　된 다 .

2

안고　않고
게임　읽지　책
누나　했다.

예시　누 나 는　책 을　읽 지
않 고　게 임 만　했 다 .

◎ 바른 낱말을 골라 ✓표를 하세요.

1 엄마는 배추를 소금물에 ☐ 담겄다. ✓ 담갔다.

2 현관문을 잘 ☐ 잠거라. ✓ 잠가라.

3 나는 정직한 ☐ 삼 ✓ 삶 을 살기로 했다.

4 누나는 ☐ 요세 ✓ 요새 날마다 산책을 한다.

5 펑펑 내리던 눈이 ☐ 어느세 ✓ 어느새 그쳤다.

6 ✓ 유월 ☐ 육월 이 되자 날씨가 더워졌다.

7 나는 ☐ 십월 ✓ 시월 부터 수영을 배울 것이다.

8 병아리는 ☐ 노랑색 ✓ 노란색 이다.

9 오늘은 아파서 운동을 ✓ 안 ☐ 않 했다.

10 귀찮아서 세수를 하지 ☐ 안았다. ✓ 않았다.

◎ 밑줄 친 낱말을 바르게 고쳐 쓰세요.

11 물에 담거 둔 포도를 건져 씻었다. | 담 가 |

12 누나가 책상 서랍을 잠겄다. | 잠 갔 다 |

13 삼의 목표를 분명하게 세우다. | 삶 |

14 할머니께서 요세 입맛이 없다고 하셨다. | 요 새 |

15 걷다 보니 어느세 집에 도착했다. | 어 느 새 |

16 벌써 내일이면 십월이다. | 시 월 |

17 파랑색 페인트로 대문을 칠하다. | 파 란 색 |

18 나는 노랑색을 좋아한다. | 노 란 색 |

19 형은 바다에 않 들어갔다. | 안 |

20 아직 감기가 낫지 안았다. | 않 았 다 |

92쪽
93쪽

◎ 불러 주는 말을 잘 듣고 맞춤법에 맞게 받아쓰세요.

94쪽
95쪽

1 | 파 | 란 | 색 | | 가 | 을 | | 하 | 늘 |

2 | 물 | 에 | | 담 | 가 | | 둔 | | 쌀 |

3 | 요 | 새 | | 날 | 이 | | 따 | 뜻 | 해 | . |

4 | 나 | 는 | | 시 | 월 | 이 | | 좋 | 아 | . |

5 | 어 | 느 | 새 | | 어 | 두 | 워 | 졌 | 다 | . |

6 | 아 | 침 | 밥 | 을 | | 안 | | 먹 | 다 | . |

7 | 햇 | 살 | 이 | | 따 | 가 | 운 | | 유 | 월 |

8 | | 내 | 가 | | 교 | 실 | | 문 | 을 |
| 잠 | 갔 | 어 | . |

9 | | 나 | 는 | | 수 | 학 | 이 | | 어 | 렵 |
| 지 | | 않 | 아 | 요 | . |

10 | | 앎 | 에 | 서 | | 끝 | 내 | 지 | | 말 |
| 고 | | 행 | 동 | 을 | | 하 | 자 | . |

✐ 어려운 글자나 틀린 글자를 연습해요.

실력 확인

96쪽
97쪽

1회

1-3 그림과 뜻을 보고, 바른 낱말을 골라 ✓표를 하세요.

1

뜻 비뚤어지지 않고 똑바로.

☐ 반드시　✓ 반듯이　☐ 반듯시　☐ 반드씨

2

뜻 닳아서 떨어지다.

✓ 해어지다　☐ 헤어지다　☐ 헤여지다　☐ 해여지다

3

뜻 뒤를 따르거나 남아 있는 흔적을 따라가다.

☐ 좇다　✓ 쫓다　☐ 좃다　☐ 쫃다

4-6 그림을 보고, 낱말을 바르게 고쳐 쓰세요.

4 십 월 ➡ 시 월

5 붇 다 ➡ 붓 다

6 짖 다 ➡ 짓 다

7-9 빈칸에 들어갈 바른 낱말을 골라 선으로 이으세요.

7 힘이 (　　). ・ 쎄다 / 새다 / 세다

8 엄마가 심부름을 (　　). ・ 식히다 / 시키다 / 식키다

9 아버지가 아이를 (　　). ・ 없다 / 엎다 / 업다

10-12 바른 낱말을 골라 ✓표를 하세요.

10 누나 생일은 ✓ 유월　☐ 육월　에 있지?

11 이 연못은 보기보다 매우 ✓ 얕다.　☐ 얇다.

12 우리 조금 ✓ 이따가　☐ 있다가　놀이터에서 만나자.

13 대화에서 빈칸에 들어갈 바른 낱말을 골라 ✓표를 하세요.

도현: 지난번에 빌린 연필을 (　　). 정말 미안해.　☐ 잊어버렸어
지오: 똑같은 연필이 하나 더 있어서 괜찮아.　✓ 잃어버렸어

98쪽
99쪽

14-16 보기 에서 바른 낱말을 골라 빈칸에 쓰세요.

보기
앉다 | 안다　한장 | 한참　저리다 | 절이다

14 새로 산 의자에 앉 다 .

15 공연이 시작된 지 한 참 지났다.

16 무릎을 오래 꿇고 있었더니 다리가 저 리 다 .

17-19 밑줄 친 낱말을 바르게 고쳐 쓰세요.

17 마당에 떨어진 낙엽을 썰다. ➡ 쓸 다

18 친구에게 편지를 붙이다. ➡ 부 치 다

19 어느세 겨울이 왔다. ➡ 어 느 새

20 다음 중 바르게 쓴 문장은 어느 것인가요? [✎ ③]

① 내 가방은 노랑색이다.
② 열쇠로 방문을 잠겄다.
③ 앎이 주는 기쁨은 말로 표현할 수 없다.

21-22 그림을 보고, 바른 문장을 골라 ✓표를 하세요.

21 ☐ 산꼭대기에 이루다.
✓ 산꼭대기에 이르다.

22 ☐ 형은 잘난 채가 심하다.
✓ 형은 잘난 체가 심하다.

23-25 맞춤법에 맞게 쓴 낱말을 골라 빈칸에 쓰세요.

23 된다 / 됀다 } 나는 곧 열 살이 된 다 .

24 적어서 / 작아서 } 글씨가 너무 작 아 서 안 보인다.

25 여의었다 / 여위었다 } 오랫동안 아파서 몸이 여 위 었 다 .

2회

100쪽
101쪽

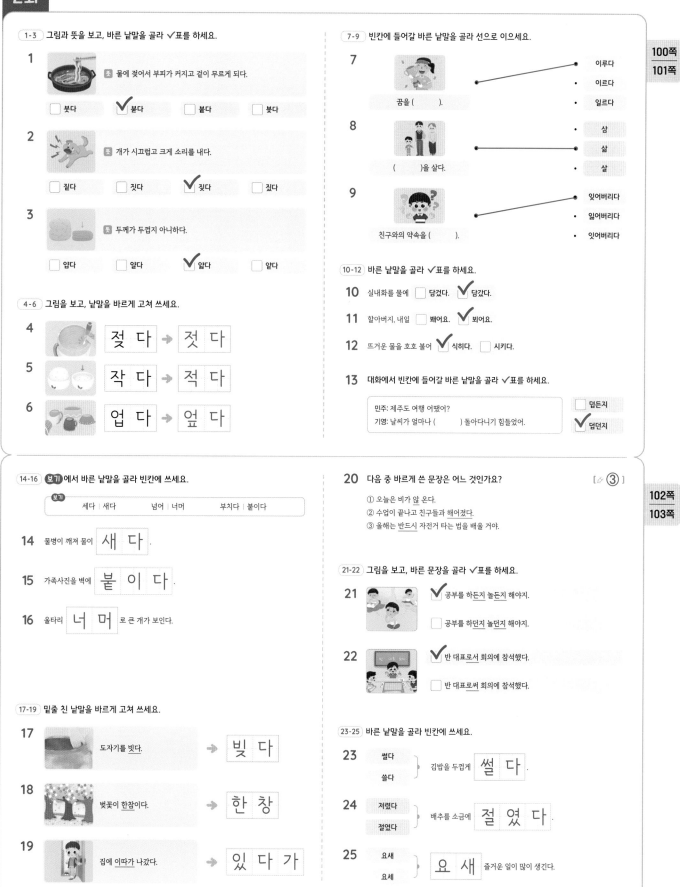

1-3 그림과 뜻을 보고, 바른 낱말을 골라 ✔표를 하세요.

1
🌊 물에 젖어서 부피가 커지고 겉이 무르게 되다.

☐ 붓다 ✔ 붇다 ☐ 붙다 ☐ 붖다

2
🌊 개가 시끄럽고 크게 소리를 내다.

☐ 짙다 ☐ 짓다 ✔ 짖다 ☐ 짇다

3
🌊 두께가 두껍지 아니하다.

☐ 얍다 ☐ 얕다 ✔ 얇다 ☐ 얄다

4-6 그림을 보고, 낱말을 바르게 고쳐 쓰세요.

4 젖 다 → 젓 다

5 작 다 → 적 다

6 업 다 → 엎 다

7-9 빈칸에 들어갈 바른 낱말을 골라 선으로 이으세요.

7
꿈을 (   ).
• 이루다
• 이르다
• 일르다

8
(   )을 살다.
• 삼
• 살
• 샄

9
친구와의 약속을 (   ).
• 잊어버리다
• 잃어버리다
• 잇어버리다

10-12 바른 낱말을 골라 ✔표를 하세요.

10 실내화를 물에 ☐ 담겄다. ✔ 담갔다.

11 할아버지, 내일 ☐ 봬어요. ✔ 뵈어요.

12 뜨거운 물을 호호 불어 ✔ 식히다. ☐ 시키다.

13 대화에서 빈칸에 들어갈 바른 낱말을 골라 ✔표를 하세요.

민주: 제주도 여행 어땠어?
기영: 날씨가 얼마나 (   ) 돌아다니기 힘들었어.

☐ 덥든지
✔ 덥던지

14-16 [보기]에서 바른 낱말을 골라 빈칸에 쓰세요.

[보기]
세다 | 새다   넘어 | 너머   부치다 | 붙이다

14 물병이 깨져 물이 새 다 .

15 가족사진을 벽에 붙 이 다 .

16 울타리 너 머 로 큰 개가 보인다.

17-19 밑줄 친 낱말을 바르게 고쳐 쓰세요.

17 도자기를 빗다. → 빚 다

18 벚꽃이 한참이다. → 한 창

19 집에 이따가 나갔다. → 있 다 가

20 다음 중 바르게 쓴 문장은 어느 것인가요? [✏ ③]

① 오늘은 비가 않 온다.
② 수업이 끝나고 친구들과 해어졌다.
③ 올해는 반드시 자전거 타는 법을 배울 거야.

102쪽
103쪽

21-22 그림을 보고, 바른 문장을 골라 ✔표를 하세요.

21
✔ 공부를 하든지 놀든지 해야지.
☐ 공부를 하던지 놀던지 해야지.

22
✔ 반 대표로서 회의에 참석했다.
☐ 반 대표로써 회의에 참석했다.

23-25 바른 낱말을 골라 빈칸에 쓰세요.

23
썰다
쓸다
} 김밥을 두껍게 썰 다 .

24
저렸다
절였다
} 배추를 소금에 절 였 다 .

25
요새
요세
} 요 새 즐거운 일이 많이 생긴다.

memo

빠른 정답을 펼쳐 놓고,
정답을 확인하면 편리합니다.

맞춤법 바로 쓰기 2B

 정답
QR 코드